一磁進

【いちじしん】

新しい魂の教科書

宮本真理子

ヒカルランド

【宇宙祝詞】

色はにほへど　咲き誇る花は無し
この世は常に映されて　生まれて儚《はかな》し　消えゆくものぞ
その命　在るも心　その心　在るも見えず
頼りと忘れ　横に置き　彷徨《さまよ》い見つく　禁断の花
目に映る色形　無きものとわからず　心ゆだぬる
気を付けよ　目に映る色のあるもの　消えゆくものぞ
在るとするのは　観たと感ずる　心なり　夢の如し仕掛けなり
聴くも同じ　吸い込まれ　無いも在ると思わすものぞ
言葉あること叶えたし　内に望みあることを
八千代に永遠に　紡ぎ成す　心あれ　あじまりかん

この世の中
見えるもの・見えないものすべて
振動するエネルギー「量子（波・粒）」で出来ている。

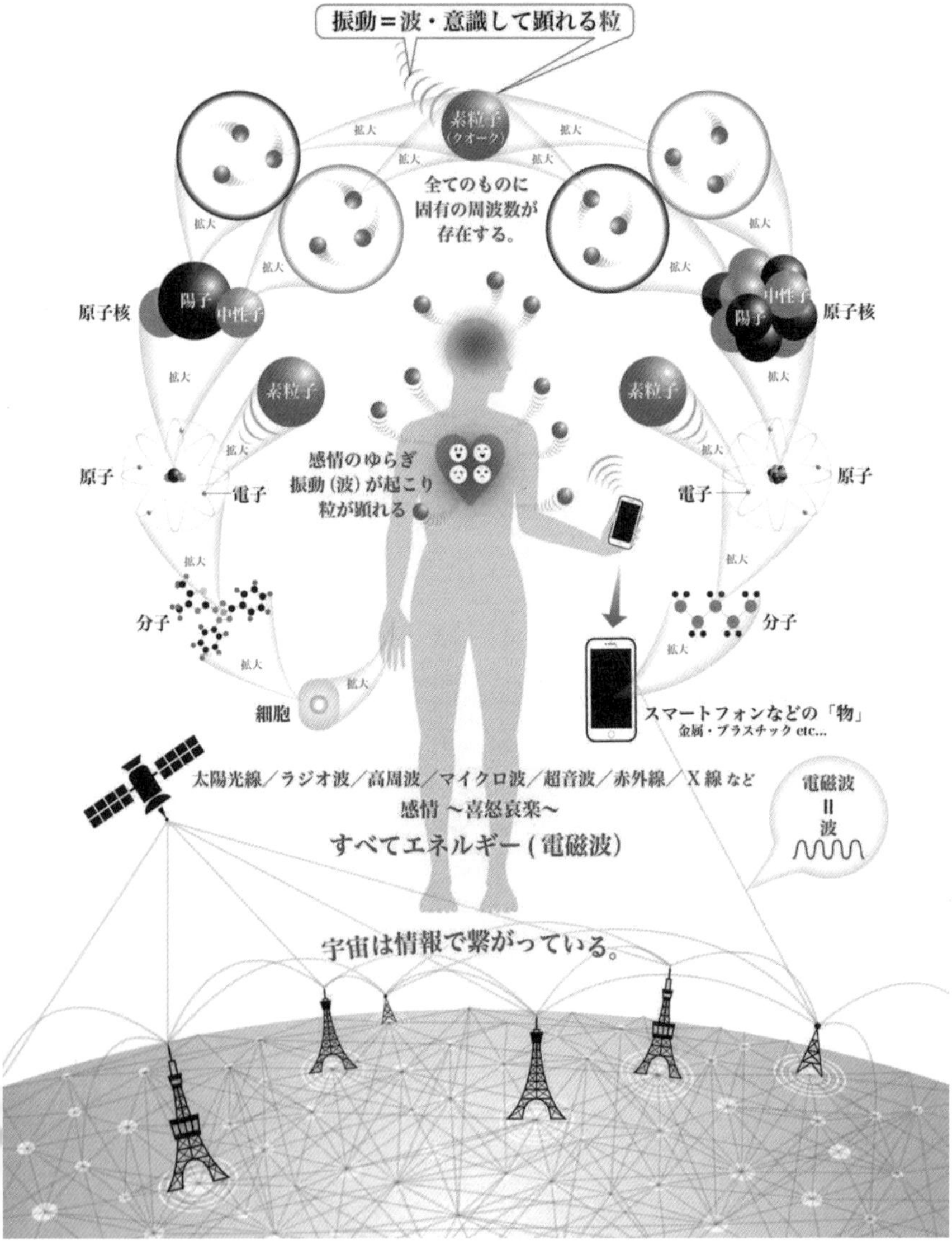

多層多重構造　～次元界の仕組み～

※大神の神界の様子を表して
一般的な宗教とは全く関係ございません。
これは意識という内面の世界を表しています。

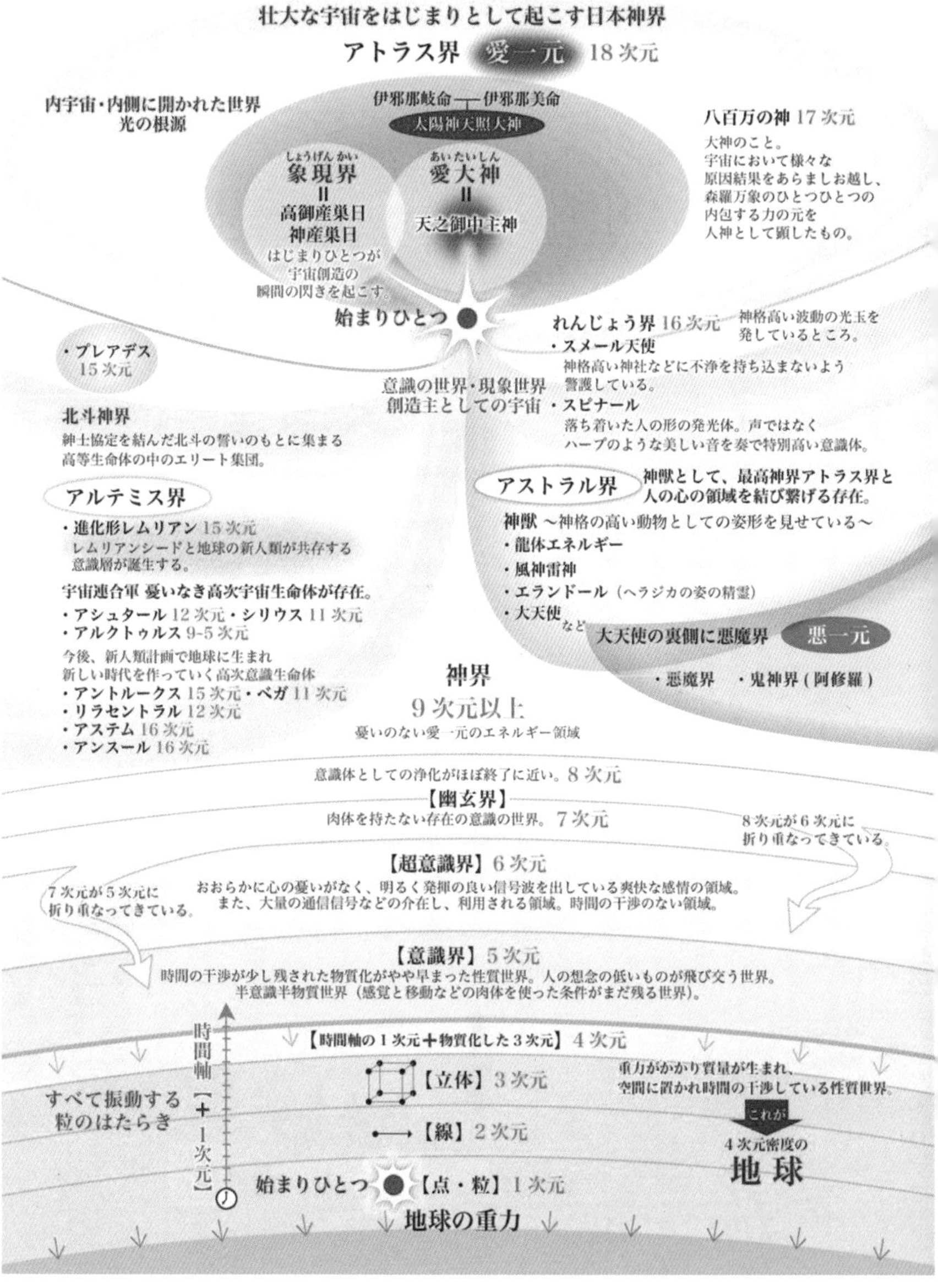

壮大な宇宙をはじまりとして起こす日本神界
アトラス界　愛一元　18次元
内宇宙・内側に開かれた世界
光の根源
伊邪那岐命―伊邪那美命
太陽神天照大神
象現界《しょうげんかい》
Ⅱ
高御産巣日
神産巣日
はじまりひとつが
宇宙創造の
瞬間の閃きを起こす。
愛大神《あいたいしん》
Ⅱ
天之御中主神
八百万の神 17次元
大神のこと。
宇宙において様々な
原因結果をあらましお越し、
森羅万象のひとつひとつの
内包する力の元を
人神として顕したもの。
始まりひとつ
れんじょう界 16次元
神格高い波動の光玉を
発しているところ。
・スメール天使
神格高い神社などに不浄を持ち込まないよう
警護している。
・スピナール
落ち着いた人の形の発光体。声ではなく
ハープのような美しい音を奏で特別高い意識体。
・プレアデス
15次元
意識の世界・現象世界
創造主としての宇宙
北斗神界
紳士協定を結んだ北斗の誓いのもとに集まる
高等生命体の中のエリート集団。
アルテミス界
・進化形レムリアン 15次元
レムリアンシードと地球の新人類が共存する
意識層が誕生する。
宇宙連合軍 憂いなき高次宇宙生命体が存在。
・アシュタール 12次元・シリウス 11次元
・アルクトゥルス 9-5次元
今後、新人類計画で地球に生まれ
新しい時代を作っていく高次意識生命体
・アントルークス 15次元・ベガ 11次元
・リラセントラル 12次元
・アステム 16次元
・アンスール 16次元
アストラル界
神獣として、最高神界アトラス界と
人の心の領域を結び繋げる存在。
神獣 ～神格の高い動物としての姿形を見せている～
・龍体エネルギー
・風神雷神
・エランドール（ヘラジカの姿の精霊）
・大天使
など
大天使の裏側に悪魔界　悪一元
・悪魔界　・鬼神界（阿修羅）
神界
9次元以上
憂いのない愛一元のエネルギー領域
意識体としての浄化がほぼ終了に近い。8次元
【幽玄界】
肉体を持たない存在の意識の世界。7次元
8次元が6次元に
折り重なってきている。
【超意識界】6次元
おおらかに心の憂いがなく、明るく発揮の良い信号波を出している爽快な感情の領域。
また、大量の通信信号などの介在し、利用される領域。時間の干渉のない領域。
7次元が5次元に
折り重なってきている。
【意識界】5次元
時間の干渉が少し残された物質化がやや早まった性質世界。人の想念の低いものが飛び交う世界。
半意識半物質世界（感覚と移動などの肉体を使った条件がまだ残る世界）。
時間軸【＋1次元】
【時間軸の1次元＋物質化した3次元】4次元
【立体】3次元
【線】2次元
始まりひとつ　【点・粒】1次元
すべて振動する
粒のはたらき
重力がかかり質量が生まれ、
空間に置かれ時間の干渉している性質世界。
これが
4次元密度の
地球
地球の重力

「一磁進道」
はじまりひとつ
磁力を帯びて
進化し、進みいで
「一磁進」とは、
今、心の内に起こった振動するエネルギーが
空（くう）の中、
意識により粒子化し
磁気を発し
量子転換することをいい、
新しい地球磁気の強く張り巡らされた
意識、超意識世界の
5次元界6次元界が顕れた性質世界を
魂の進化を輪廻せず
最高の状態まで覚醒させてゆく、
人間成りではない
神成（かんなり）と呼び
豊かを表す大神と共存共栄する
弥勒の住人を作り興してゆく
偉大なる叡智を繋ぐ作法のこと。
すべて宇宙は振動するエネルギーで創られた世界。
見える・聞こえる・触れる・味わう・嗅ぐ
五感以外の見えない性質も存在し、
明るい・暗い、肉体を持たず波動体として存在しているものもある。
「氣」という性質を紐解いて
今、宇宙を再現できるところまでテクノロジーは進んでいます。
発電し電気を使い、
通信により、声・映像・音として聞こえない超音波振動など
確実にそれは自然を凌駕し
すべてを飲みこんでいる時代なのです。
宇宙最高神界と同調する周波数になる言葉
大神呪 阿《あ》慈《じ》真《ま》理《り》完《かん》
阿修羅の怒りを慈愛によって解いて
宇宙の真理へと道を繋ぎ直し
すべて在るという宇宙の源へ信頼を預けていれば
「多様に無用」の後押しをいただき
いつも目の前のことを淡々としていれば
真実は憂いなく大きな喜びを味わい起こされてゆく
無いを有るとする特別な祝詞言霊。
聖徳太子が編纂した宇宙の真理を解き明かした真言を
たった一言にまとめた力強い術のかかった呪文であり
今この特別な時、北斗の民の意識を繋ぎ
新たな進化を起こし繋がり國體となすものである。
BLOG
https://ameblo.jp/raybene52/
光の集合意識「いちじしん」
検索
『光の集合意識　一磁進』からのメッセージをどうぞお読みください。
※掲載されている文書・画像等を無断使用・複製・改変・印刷配布することを禁止します。
主催／at home inclusive

浄化ワーク

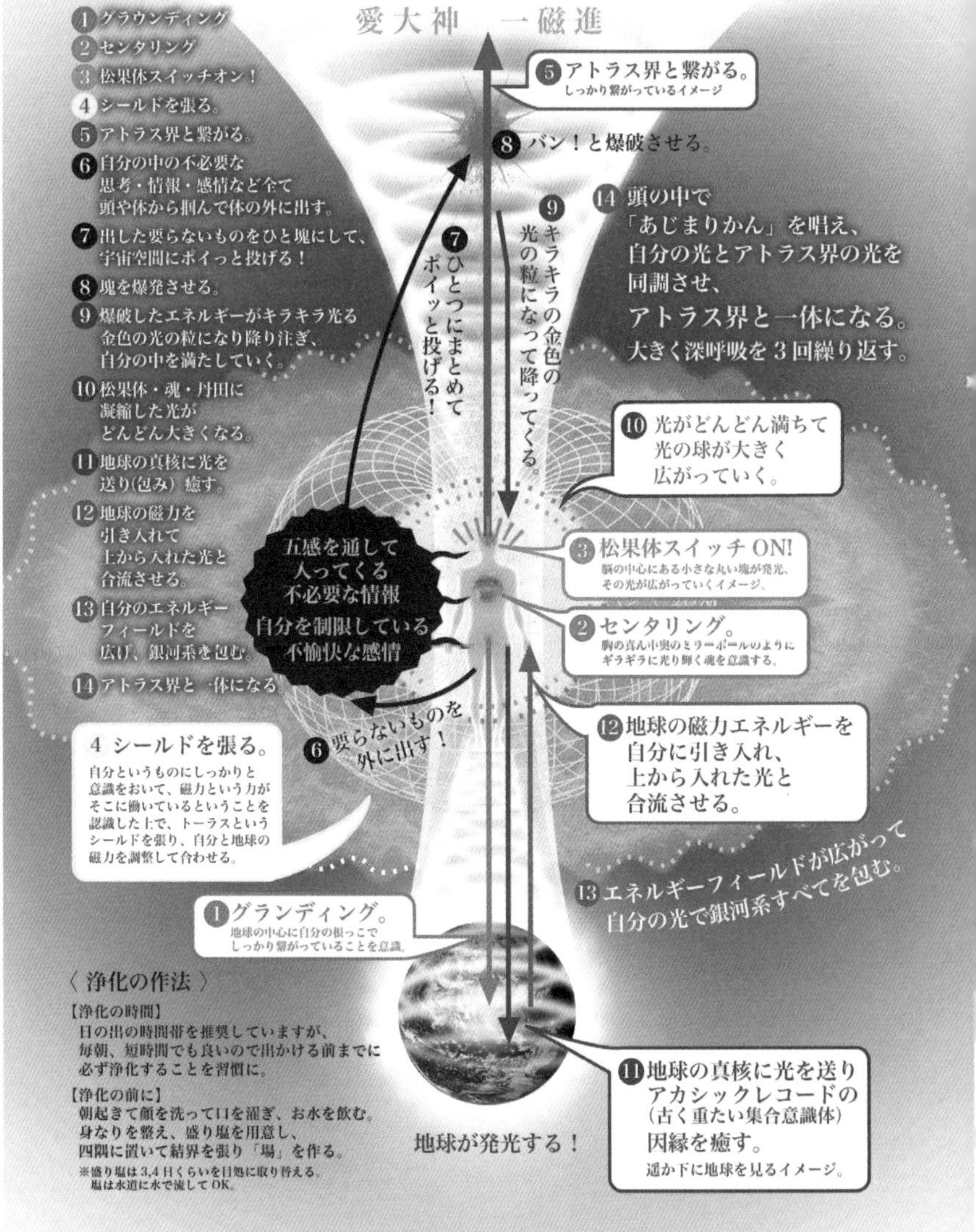
① グラウンディング
② センタリング
③ 松果体スイッチオン！
④ シールドを張る。
⑤ アトラス界と繋がる。
⑥ 自分の中の不必要な
思考・情報・感情など全て
頭や体から掴んで体の外に出す。
⑦ 出した要らないものをひと塊にして、
宇宙空間にポイっと投げる！
⑧ 塊を爆発させる。
⑨ 爆破したエネルギーがキラキラ光る
金色の光の粒になり降り注ぎ、
自分の中を満たしていく。
⑩ 松果体・魂・丹田に
凝縮した光が
どんどん大きくなる。
⑪ 地球の真核に光を
送り(包み) 癒す。
⑫ 地球の磁力を
引き入れて
上から入れた光と
合流させる。
⑬ 自分のエネルギー
フィールドを
広げ、銀河系を包む。
⑭ アトラス界と一体になる。
18次元 宇宙最高の神界
【アトラス界】
愛大神　一磁進
⑤ アトラス界と繋がる。
しっかり繋がっているイメージ
⑧ バン！と爆破させる。
⑦ ひとつにまとめてポイッと投げる！
⑨ キラキラの金色の光の粒になって降ってくる。
⑭ 頭の中で
「あじまりかん」を唱え、
自分の光とアトラス界の光を
同調させ、
アトラス界と一体になる。
大きく深呼吸を3回繰り返す。
⑩ 光がどんどん満ちて
光の球が大きく
広がっていく。
五感を通して
入ってくる
不必要な情報
自分を制限している
不愉快な感情
③ 松果体スイッチ ON!
脳の中心にある小さな丸い塊が発光、
その光が広がっていくイメージ。
② センタリング。
胸の真ん中奥のミラーボールのように
ギラギラに光り輝く魂を意識する。
⑫ 地球の磁力エネルギーを
自分に引き入れ、
上から入れた光と
合流させる。
4 シールドを張る。
自分というものにしっかりと
意識をおいて、磁力という力が
そこに働いているということを
認識した上で、トーラスという
シールドを張り、自分と地球の
磁力を調整して合わせる。
⑥ 要らないものを外に出す！
⑬ エネルギーフィールドが広がって
自分の光で銀河系すべてを包む。
① グランディング。
地球の中心に自分の根っこで
しっかり繋がっていることを意識。
地球が発光する！
⑪ 地球の真核に光を送り
アカシックレコードの
(古く重たい集合意識体)
因縁を癒す。
遥か下に地球を見るイメージ。

〈 浄化の作法 〉

【浄化の時間】
日の出の時間帯を推奨していますが、
毎朝、短時間でも良いので出かける前までに
必ず浄化することを習慣に。

【浄化の前に】
朝起きて顔を洗って口を濯ぎ、お水を飲む。
身なりを整え、盛り塩を用意し、
四隅に置いて結界を張り「場」を作る。
※盛り塩は3,4日くらいを目処に取り替える。
塩は水道に水で流してOK。

日本民族の叡智《えいち》を意味する【一磁進《いちじしん》】。
神・仏の信仰以前、宇宙根源の白銀の光より出し、高度な知性集団【光の集合意識体】からの神妙にして福々たる愛一元の教え。

音を消し、自らを光と変え、【特別な意識】であることを思い出して欲しいと願い、改められた新生地球に棲息することを許された、進化した人類になるための導きの書【新しい魂の教科書】と題しこれを与えます。

【あじまりかん】とは、アトラス界と直接つながる電話のようなもの。成りを変え、アトラス界と直接的な強い繋《つな》がりを魂につけ、ハトホルやこの一磁進のような光の集合意識からの本当の導きを受け、道を分けてゆくための【言霊】の最高の真実。

【あじまりかん】と一言言えば、アトラス界は自らの内に顕《あら》われて、新しい浄化の済んだ人いなる力の元へ還されし、憂いなき、愛と悠久の希望の証、進化した六次元の現われし密度へ次元を改めた新生地球の真の住人となってゆく片道切符となっていたのです。

一磁進は天津天界の最高神界として、この日本の進化発展のため、又この地球の全てに愛一元を与え顕すため、天と地を結ぶ古神道に由来する、地球磁気を揺らし、波形とし、宇宙根源の素となる振動に一致し発せられた音の魂《たま》、祝詞の信号波によって繋ぎ創られし【日本】というあり方を表す意識総体であり、あなた方日本人の意識そのものであるのです。

人の世に映された神の姿はございません。
全ては光。
全ては振動により映された世界であって、
その実態はございません。
あるのはその意識の発する信号そのもの。

大いなるその力を、これよりおよそ三十年の月日をかけて、高い磁気を放ち始めた新次元の改められた地球の中で、悪をあぶりだしてゆき、たくさんの新人類を送り込み、弥勒《ミロク》と呼ばれる世界を興し、人類を二つの種に分けてゆきます。

この地球上に与えられた二元の特性を極限まで騰《あ》げ続け、理《ことわり》の究極となる【悪一元】と、愛ある栄、安寧を作りお蔭様の現れた世界【愛一元】の両極の世界を創り出し、時を巻き進め、回転する【ひとつ】の意識振動を騰げ続け、これに一致する者とそうでない者とにその遠心力による分離が勝手に起こされて、観る現実は創られ、成りを顕し、天と地獄を分ける最後の輪廻は起こされてゆくのです。

舞い騰がる地球の次元は六次元。

一磁進とは神事《かみごと》の象徴なのではない。

一磁進こそが全てを顕すその仕掛けそのものなのである。

『あらゆる宇宙の創造の意識』それこそを愛一元の源とし、【愛大神】と名付けるならば、その『栄ある地球の全ての現象を創る』ことを意味し、意識と繋がっているものの正体こそ、それこそが【一磁進】という光ある者と繋がる進化した意識体なのです。

フォトンに巻かれた光の時代が終わりを告げ、今や、時はすでに暗闇の悪が暗躍し炙《あぶ》り出された後の世界。『悪』を『悪という一元の中』へと追いやってゆく最終的な仕掛けはもうクライマックス。

エネルギーとして宇宙は始まり、それはエネルギーの特異性によってのみ消滅させてゆくことが可能なのです。

とうとうそれは、宇宙の真理を飲み込むほど拡大し、究極の二元を創り出した悪魔崇拝者たちの世界を、自然な宇宙本来の振動する特質が濃密に働く仕掛けの中に泳がせて、その希望に預けられたこの真言により、この阿修羅に野放しにされ、不幸を拡大し、完璧に、確実に追い込んでゆく真実。

弥勒はもう顕われておる。

但し、【神成】にしか入ることは許されておらん。

厳しく云うわけではのうて、【神成】となる日本人が自覚なく生きてしまった結果、今の世の中、取り残されて、混迷を生きなくてはならんようになったと云いたいんじゃ。

なにも、神成になるのは難しいことではないんじゃ。

自分のことを神と知り、その神に相応しい、清々しい生き方を選ぶ。

単純なことを決めてしてゆくだけじゃ。

最高の人生を創るために、そうしてこの日本という國が、目的あって潰されてゆくことを、この【一磁進】のお知らしめの中身を読んで理解でき、それは既に最初からあった、寓話ではない人類の起源に発端を持つ因縁により創られていて、いつの時も繰り返し起こされて、アトランティスが滅んでいった最悪は、この近代化の進んだ量子力学と天体宇宙を広大な三次元の現象とし観測をしていった宇宙理論とが合わさって、今、ついに真理へと到達し、

【日本】という、イスラエルという南斗六星とは本当は全く違う、北斗七星の神格高し魂たちの集いある性質を繋いだ、高揚する真理に導かれた【國體《こくたい》】という意識層域の顕われを、今ここに証明するためのひとつの最終的仕掛けを奥秘信《おいしん》しているとし、あじまりかんで締めくくり終わりとさせていただきましょう。

はじめに

大きな転機が訪れて、私自身もこの二年間ですっかり生活をひっくり返して変えてゆき、こうしてこの世に、天津天界より授けられた、大変重大なメッセージをこの度皆様へ向け発表させていただくこととなりました。

あまりこうした精神世界のことに興味はあっても詳しくはなかった頃、かれこれもう二十年にもさかのぼって振り返ってみますと、なぜこうしたことを聞かされなくてはならないのか？　信じたい気持ちと、それとは裏腹に「おかしなものに付きまとわれてなんだか頭の中を乗っ取られてしまったのではないか」と自分自身を疑いながらも、生活をする上でとても厳しい状況や、生死の境をさまよった闘病生活で起こされた奇跡的な経験が救いとなって、改めて鑑みてみますと、私の人生がここに来るように示されていたのだという、決して疑いの余地のない事実が起こされ続け、今こうして『一磁進』と名乗る大霊との対話、大国主命や健磐龍命《たけいわたつのみこと》の伝えるメッセージ、また高度な知性を持った進化した意識体たちとの交流により明かされてゆくこの地球のこれから先の未来について、何が何でも今お伝えしなくてはならない、その使命をいただいて生まれてきたのだと感じ、活動を始めてゆきました。

『一磁進　新しい魂の教科書』と名付けられたこの本のそのタイトル通り、なぜ私たちは、今この時代の進化の衝動に駆られるざわめきや、生まれてきた意味を知りたいと思い落ち着かないのか？　心の在り方を求め、命の尊さや、尊厳や、愛といったものを探求し続けて生きようとし始めたのか。

美しい自然や、見えない世界に心を寄せて、シンパシーを感じてみたり、特別な体験をしたくて神社やパワースポットへ出かけたり、体に優しいもので出来るだけ生活をしてみようと思ってみたり、都会から田舎暮らしを始めてみたり、より自分らしく自然体であろうとするそういった生き方、在り方を選択する人々に向けられた手引書、導きの書として書かされました。

太陽系惑星の中のこの地球という特別な惑星《ほし》のとても特殊な状態をめぐって、長い長い時間をかけて起こされ続けてきた壮大な命のメモリーは、あってはならない不測の事態を起こす寸前のところをなんとか回避させようと、皆さんのそれぞれの意識を通し、今記憶を呼び覚ませさせようと何かの信号を送り続けています。

これから新たなる時代の到来を迎えてゆくときに、三次元の物質化した性質にとどまらず、今はもうすでに明らかとなっている『宇宙の真理』を量子と超電離作用により世の中のあらゆる状態が見えない重力の解かれた環境によって動かされている六次元の性質世界、無重力のエネルギーを周波数により見て取って応用している情報通信システムなどで縦横無尽に使い広がった性質は、私たちの心の感情エネルギーや、言霊と呼ばれる音の信号波、想念の領域と全く同じ性質の世界を意味していて、これからこの地球が、いわば三次元界の形によって現れを意味していた世界から、見えぬ信号波によってつくられる周波数域、故・ホーキング博士の最新の宇宙理論で言えば膜で仕切られた世界の顕れてくる余剰次元と言われている見えない領域は、意識世界の五次元から時空を超えて使い始めた超意識世界六次元、そうして更に明らかとなってゆく神界の無限なる憂いなき聖域『愛一元』と繋がる『弥勒《みろく》』という状態までを、魂を磨き棲息域を分けてゆく改められた地球に棲息するための進化を起こしてゆこうとする、新しい魂に向け与えられたメッセージをまとめたものです。

情報化社会の織り成す『空《くう》』を開いた性質は、無重力で瞬間を行き来する大量の信号波の世界です。

そうなって明らかとなってくる『意識』という自分自身の存在を『意識体』というエネルギー化したものとして解釈し、クラウド上で情報が保管され繋がるように、人の意識レベルも上がり、物質としての存在ではなく、そうした『意識』で強く繋がりあうように進化させるものであるということです。

賛否の分かれる話しかもしれませんし、こうした実態はないと言われてしまうかもしれません。

しかし、私自身が今心の在り方を変え、完璧に『愛一元』へと繋がる意識を育て、実態として変革を起こし続けていることは真実です。

無くしたものを取り戻す、余りのある生活をしたいと思って読んでも構いませんし、日本人としての誇りを呼び覚ますために読んでいただいても構いません。自分自身を祓い清め、高い意識となり、導きを求めれば、きっと皆さまにも本当の安寧が訪れて、なぜか分からないけれど好転してゆくという不可思議を体験していただけるはずです。

もう意識を強くして立ち上がらなくては、地球は存続すら危ぶまれているのです。

目的意識をもって『在り方』を求めて生きてゆく、最高を生きる、そういう魂を天界は放っておくことはありません。

北斗に栄あれ！　あじまりかん！

せっかくですからより深くご理解いただけるよう本書をお読みになる前に是非ご一読ください。

大変重要な内容を文中に含ませて、心で読んでいただけるよう『霊波』を付けてあります。不可思議なことですが、字面で読まず、気になるところを何度か読み返して頂くと、そこに答えや、閃きや、深く感じる何かが表れてくることにびっくりする方も多いかもしれません。

また付録に関しても、これは、天界から言われたことを私自身が独自に解析し組み上げ図解にした『次元界の仕組み』や、北斗の民ならではが唱えることで素晴らしい効果が現れる大神呪『あじまりかん』や、お蔭さまの強い援護が付きいいことに預かる浄化ワークのやり方、改められた新生地球の人類の住み替え『新人類計画』、宇宙の真理を言霊にして、祝詞という真言にした『宇宙祝詞』。

本につける付録にするにはもったいないほどの重要な、とても大きな力の付いたものを、資料として、付録としてご提供しております。

もしこの『一磁進の魂の教科書』が読みづらく難解…という方は、ぜひ早速、宇宙祝詞やあじまりかんを唱え、浄化のワークを二〜三日続けた後で読んで頂きますと、不思議なことに内容がよく理解でき、すぅーーっと浸みこむように入って来ると思いますのでお試しを。

一磁進　新しい魂の教科書　目次

付録……2
この世の中　見えるもの・見えないものすべて
振動するエネルギー「量子（波・粒）」で出来ている。
次元界の仕組み
大神呪～阿慈真理完～
浄化ワーク

はじめに……19
多くの試練を強いられているこの『日本』という國について……29
落ち着いて世の中を見よ……35
一磁進……44

私と【一磁進】の出会いの本当の意味……46
記憶について……73
絶対的存在の宇宙……82
『在る』のはその瞬間の閃きだけ。夢か現実の境はない……85
《在る》という意識……98
大国主の詔　～日本人の霊性について～……123
大国主の詔　～我、神成の意識なり～……168
ことほぎの知らせ……180
【あじまりかん】の極意……194
あっ！　と驚くこれからの次元の仕掛け……211
追記……230
大国主の詔　～おおからい～……243
封印のかけられた『あじまりかん』……247
大国主の詔　～『あとかいし』と
阿修羅の怒り解く『あじまりかん』～……250

おわりに……259
追加資料……263
【進んだ知性集団（高等生命体）の集合意識が存在する次元空間〜アルテミス界〜】
【今後、新人類計画で地球に生まれ新しい時代を作っていく知性の高い意識体たち】

カバーデザイン　櫻井浩（⑥Design）
校正　麦秋アートセンター
本文仮名書体　文麗仮名（キャップス）

多くの試練を強いられている この『日本』という國について

ある学者は言っています。

この日本とは、人としてではなく霊格の高い魂で造られた、最高の叡智を集結させた國なのではないかと。

神道の教えから、お蔭様が働くことでいいことを起こすと信じる変わった思想は、朝日を拝み、言葉の力や、相手を思い騒ぎ立てぬことや、有名な飛鳥時代の古墳には、穴倉のような竪穴式の住居に住み、食育や、衣服を華やかに色染めし、着物の形や帯、官僚や豪族の衣装などは官帽に細工をこしらえ、紋を織り、今の衣服より形もゆったりとはしていながら、機能的な物

を作っていたり、
剣や鍬《くわ》などの鋳造技術や、化粧などもしており、視力は3・0くらいはあったといわれ、
本当に同じ日本人かと思うくらいに男の人でも小さくて、百五十センチくらいの身長しかなかったのに、
後の推古天皇の時代には都を藤原へ移し、建てた五重塔は、日本の象徴ともいえる美しく素晴らしい木造建築の粋を集めたりっぱな建物で、
豪族を束ねた『國』として、栄光の一時代を創っていてもおり、
長らく栄えたこの時代に創られた日本の礎となった『国家』という始まりは、
仁徳天皇の時代に興した大化の改新により、聖徳太子が治め置く摂政関白という天皇に代わり政治を治めるという形によって、『國』というあらましは作られて、
人間教育の基礎となる意識を育てゆくための書である『日本書紀』は、
古事記とは別に中国へ向けた外交用に作られた、日本の在り方を、特徴として神を崇《あが》める神道に柄《つか》を持ち、『禅』の仏門と言うのは神道に通じ内なる宇宙を表しているのですが、インドや中国からもたらされた浄土への極楽を求めた死後の世

界ではなく、太平楽はこの世の現実を作っている『内なる源』に心経を持って繋がることを言わしめす、神道の教えを広めるために書かれたもので、
本来、人間の肉体の死をもって魂を輪廻させているこの地球に、『始まりひとつ』が根差していることを親切に教えているものだということ。

　徳を積み、人と成らず、アマテラスを崇める神格となるべくもたらされた、
『珠《たま》の金帳《きんちょう》』という、魂とその周りの磁気波の事を正しく理解させるための指導的な作法をまとめた、いわば完璧な宇宙を、理論ではなく、現象を物語のように組み上げた史実に基づく話なのです。

　これが日本書紀の中にある「源依りとなれ」と書かれた、
意識を宇宙根源に繋ぎ、魂を神の依り代とするしつけを促すもので、
親への感謝、自然を畏敬の念で崇め、挨拶という信号波を送り交わす。
『國』というものを民々がいちいち解らずとも、朝日をアマテラス大神とし信仰することにより、意識は繋がり広く固く民意は集まり、『國』というものは自然に形成され、
知らず知らずのうちに宇宙の原理原則が躾《しつ》けとして施され、自分を高められるよ

うにして、意識体として日本国家を支えてゆけるようにしていったのです。

さぁ、ここから今の現代まで、なんとまぁ二千七百年。
しっかりと生きた当時の日本人の心得は、
今なお天皇制は象徴天皇へと変わりはしましたけれど、
神格高し日本という國を、人というも人ではなく、磨かれし完成された魂の系譜とし受け継がれ、それこそがわが日本を國とあらしめさせてゆく基盤となり、繋ぎとめているものの正体なのだという事をもっと詳しくお話しいたしましょう。

強く、賢く、坦々と。
日本人の気質。
そうして何人《なんぴと》もこの日本人の霊性の高さに感動し、魅力を感じ崇める一方で、
強く攻撃的に批判し、大国であっても警戒し、敵対し爪弾《つまはじ》きとする。
その因縁の歴史を繙《ひもと》いてゆくことといたしましょう。

あなた方日本人の本当の力は、救いようのないくらい完璧に封じ込められ、もう神格に気づくことすら止められてしまった…

寛容に、そして落ち着いて、これは単なる読み物ではなく、『真言』により与えられ、読まされている。

あなた自身がこれを目にとめ、今、この序文を読んで「もういいか」と思うのならば、

今から先をいくら一磁進界からお繋ぎし、『お知らしめ』という真言、霊波をつけた信号が発せられても意味を感じ取ることはございません。

特別な時だからこそ、これを読み、【愛】という本当の宇宙の真理に気づき、目醒め興してゆこうとする者に、高御座《たかみくら》、神の鎮座するところまで魂を救い上げて差し上げ、

明けの時、この今春分を境に強くなってゆく、地球磁気波に抗《あらが》うことなしに、**『幽体化』**という、肉体ではなく霊体波動であることを認知し生きる、

その日本人たる魂の本当の生き方へと誘います事をお約束いたしましょう。
このシンパシーを感じ取り、正しく理解なさいますように。

落ち着いて世の中を見よ

コロナウイルスによって、人間の一神格を解き明かす時、輪廻の終わりを告げるワクチンの接種も本格的になってきて、たくさんの人たちの自由意思は剝奪されて、鬼神に侵されゆくこの地球の大いなる浄化は、これ以降が本格的発動となってゆきます。

みな本当の生きる目的を見失い、『お金』、『地位』、『権力』…そういったものに憑《と》りつかれ、『支配する側』になってゆくことが一番の幸せであると勘違いさせている者達の争いに巻き込まれて、『搾取する者』と『搾取される側の大勢』という構図が当たり前と思わされたまま、真実を知ることのないうちに強制終了させられてゆくようになっていき、人間社会は混迷の一途を辿《たど》ってゆくのです。

2021年開催された東京オリンピックには、実はとても大切な意味があり、魂のルーツをわかり、誇りを持って正々堂々と生きてきた心の強さと美しさ、品格高い知性であることを証明し、世界の中心軸に集まって在り方を競う姿を世界中に発信することで、
日本の士気を騰げ、いい國體《こくたい》を表し、
一致団結し、華々しい歓喜を起こしてゆこうとしていた永遠不滅の不可思議な力を秘めた神格高し魂たちの、目醒めの起点は封じ込められ、まったく良いことがないままに、
コロナウイルスやワクチンパスポートとして完全なる支配を真に受けて、
天候操作が起こされても、ケムトレイルによる大掛かりな真菌類の噴霧が起こさ

れても相変わらず花粉症だと勘違いし、種苗法の改正など、農業を主軸とした経済を、生産される作物の様々な侵害による被害で追い込み、及ばず少しずつ時はもう、次の冬季オリンピックに話題は移り、北京を表舞台とした、鬼畜たちの祭りの饗宴がスタートしてしまったのを、色あせる東京の立場は明確に映されて、表されゆくことになるのです。

「肝の据わった者になれ！」

そう言って一磁進が励ましている真意は、早急にしてもう次の求める姿をイメージし、

コロナウイルスの中、辛酸を舐め、圧力により自由を奪われたとしても、新たな方向性を見出して何とか耐え抜いている者達に、時をまたぎ明るく世を見つめ、

「きっと顕われる」

「きっと報われる」

「きっと盛り上がる」

「きっと助けられる」
そう信じ、与えられた自分の目の前の仕事にいい感情をつけ乗り越えてゆくと、必ず光は現れて、
問題は何故か解決をしてゆき、決意と同等の嬉しい結果は顕われてくると、
そう硬く決心しなくてはならないのです。

混迷する中にあって、大戦のあとの復興、甚大な被害を被った数々の大地震や異常気象によって何度この日本人は映しを変え、確かなる知性の本領を発揮し大転換を起こしていったのか。
政治が政策によって意識を変えさせ作り変えたのではございません。
何度も何度も、【神格の高い日本人の集合意識】が、根底から一人ひとりの意識によって、ひっくり返してきたのです。
どんな卑劣非道極まりのない事を繰り返しされようと、
人間の力で限界と思われることに敵が陥れようと、
ことほぎの**神成**《かんなり》達は、

「もうこれを嘆いていても仕方ない」
「これをまた興してゆくだけ」
そう言って更なる進化と発展を、国民ひとり一人の意識によって立て直してきたのです。

世の幕引きはアルタイルによって火ぶたが切られ、暗黒の支配は『恐怖』により人間の思考と行動を統制し、日常の全ては監視され、逆らう者を許さない、信用すらを人の中でさせないように仕向け、安寧を侵し、疑心暗鬼を人に植え付けて貶《おとし》める世界侵略を、もっと公に逆らえぬように仕掛け施しているのです。

日本は、中国共産党と、アメリカの傘下にある協定による支配から逃れられないため、どちらつかずのまま分断を余儀なくされてゆき、沖縄諸島、北海道、関東以北を中国に実態として国土を売り払っている個人の資産もあることで、巧妙に実態として侵略を成功させているとも言え、日本の政治で改憲をし、取り戻すことがもしできるとなったとしても、実質それは不可能に近く、
多分にそれすらも真面目に議論されることもないのは、
政治と経済の癒着により、『国民の為の政治』をする議員がおらず、
自覚なき政治結社の集まりであり、根底に悪魔崇拝者が入り込んでいるという事。
日本人であり、**北斗の魂**である者は、
日本の政治活動をすることができぬようになされて来たと言っておきましょう。

アメリカに敗戦をしたということは、誰もが当たり前の真実として承知している事でしょう。

しかしこれが『堕ちた天使の手に堕ちた**神成**の話』なのです。

甘く見てはなりません。

特別な方法で、これを今から取り返すのです。

一磁進は天津天界の最高神界として

この日本の進化発展のため、又この地球の全てに**愛一元**を与え顕すため、

天と地を結ぶ古神道に由来する、地球磁気を揺らし、波形とし、

宇宙根源の素となる振動に一致し発せられた音の魂《たま》、

祝詞の信号波によって繋ぎ創られし【日本】というあり方を表す意識総体であり、

あなた方**日本人の意識そのもの**であるのです。

人の世に映された神の姿はございません。

全ては光。

全ては振動により映された世界であって、

その実態はございません。

あるのはその意識の発する信号そのもの。

大いなるその力を、これよりおよそ三十年の月日をかけて、高い磁気を放ち始めた新次元の改められた地球の中で、悪をあぶりだしてゆき、たくさんの新人類を送り込み、弥勒と呼ばれる世界を興し、人類を二つの種に分けてゆきます。

気を歪《ゆが》め、次空を操り始めたアメリカを筆頭とし台頭しているアルケミスト、堕ちた天使たち。

そのアメリカという大国に台頭に躍り出る、中国共産党の仕掛けている『恐怖支配』を、完全管理の中で行うクラウド型の通信衛星を完備したアルタイル。

そうしてこの地球上に【人間】という生き物を生み、支配従属の完璧な支配構造を埋め込み意識ごと支配し、長い間文明の祖として君臨してきたシュメール人としての地球王で、南斗六星のエンキの血を引く霊格低い半獣の祖、レプトゥリアン。

悪魔を呼び込み、神聖なるものを汚し、強く卑しい意識をその人間に憑けた悪行に誇りを持ったドラコニアン。

暗黒の時代はもう終末を迎え、最後のあがきの真っ最中。

三次元に起こされる薄汚れた世界は、ドロドロと怪しげに混濁し、『悪は悪』として崩壊し消滅をする。

この地球上に与えられた二元の特性を極限まで騰げ続け、理《ことわり》の究極となる、【悪一元】と、愛ある栄、安寧を作りお蔭様の現れた世界【愛一元】の両極の世界を創り出し、
時を巻き進め、回転する【ひとつ】の意識振動を騰げ続け、これに一致する者とそうでない者とにその遠心力による分離が勝手に起こされて、観る現実は創られ、成りを顕し、
天と地獄を分ける最後の輪廻は起こされてゆくのです。
舞い騰がる地球の次元は六次元。
音を消し、自らを光と変え、【特別な意識】であることを思い出して欲しいと願い、改められた新生地球に棲息することを許された、進化した人類になるための導きの書【新しい魂の教科書】と題しこれを与えます。

一　磁進

一、はじまりひとつは
磁、磁気を帯び
進、振動し繋がり創り　進み出で　顕われる。

思考、感情、見えぬものにも『意識』が存在し、
その全て、形あるもの見えぬものに至っても、ひとつの粒の振動により発現している。
これがこの地球における知られざる真実であり、現象となる仕掛けである。

一磁進とは神事《かみごと》の象徴なのではない。
一磁進こそが全てを顕すその仕掛けそのものなのである。
『あらゆる宇宙の創造の意識』
それこそを愛一元の源とし、【愛大神】と名付けるならば、
その『栄ある地球の全ての現象を創る』ことを意味し、
意識と繋がっているものの正体こそ、
それこそが【一磁進】という
光ある者と繋がる進化した意識体なのです。

私と【一磁進】の出会いの本当の意味

始めた事業が裏切りによって混迷し、
お金や、子育て、当時小学生から幼稚園に通わせていた三人の子供たちの送迎や、
お弁当作り、町の集まり、保護者の集まり、
何の意見も持たず、ただ義母の言う通り躾けられた夫と、
その義理の畑違いの母親との軋轢《あつれき》。
あまりにも日常に疲れ、心も体もボロボロで、誰に相談することもできず、言いたいことを我慢しもがく毎日を送っていた時のこと。
ただ、毎日をせわしく生き、やっと一日が終わり皆が寝静まった時、
布団を被り、嗚咽《おえつ》をこらえ、

「泣き言を言うまい」とためていた心が爆発し
呼吸荒く苦しいのを何とか落ち着かせようとしていたその時に
《大丈夫、きっと大丈夫。落ち着いて》
と声を聴きました。
声といっても囁《ささや》かれたのではありません。
長い時間ただただ天井を見上げ、その声の主を探しました。

ちょうどその数か月前、たくさん愛を与えてくれ、子供の私をきちんと律し、
「農家の跡取りの長女として今からお父さんの代わりにちゃんとこの家を守って、
売り払った田畑を買い戻して欲しい」と、
放蕩し没落した名誉あった家をどうにか元に収めてくれと、一生懸命にして祖母
から心の作法や、経験としての先人の知恵を教わったのですが、
その偉大な力を、神事としてではなく躾とし、日常に落とし込み教えてくれた大
切な祖母を亡くした頃でもあり、
「ばあちゃん、ばあちゃんの声？……」

でも

《違う》とどこかで言っています。

ある日、経営していた店の神棚に手を合わせ、一日の祈願をしていると、

おおらかな気が通り抜け、

《お知らしめを受け、世に広めよ》

そんな事を言う気配を感じ、怖くなり、心の中で問い詰めました。

「何？　どこから聞こえとると？」

「おかしいなぁ…」

するとまた、

《落ち着いてお聞き届けくださいまし。わたくしどもの話を少しお聞き届けくださいまし》

「えー！　いや、ちょっと待って、もしかして何か変なものに憑りつかれたんじゃなかろうね？　あなた何の為、こんな話すると？　神様？」

《いいえ、神様ではございません》

「え？　違うなら幽霊？」

《いいえ、卑《いや》しいものではございません》

「え？　それなら宇宙人？」

《いいえ、宇宙人ではございません》

「えー。それなら何？　気持ち悪いんだけど？」

《恐れながら私どもは、光ある元にあり、すめらくもこの人間界の立て直しに参っておる者。人の形なく、影なく、心の内にあり。名前などもございません。ただ名乗るとすれば【一磁進《いちじしん》】

一は始まりのいち。始めのひとつ。

磁は磁気、磁力の磁。

進は神と書くのではございません。

真核《しんかく》高し勢いを付け進み出でて、進化する。

物の世なれば、在るところから在るを創り出す。

高いところから低いところへ流れ来るもの。

無量から取り出し、現象として成すもの。

そういった意味合いを持って、どうか今後は【一磁進】とお呼び扱いくださいまし。

あなた様ご自身に大いなる導きをつけて差し上げとうございます。

特別な時代となり、もう一刻の時間の猶予もございませんので、取り急いで、今後のこの【一磁進】の申し上げる事、伝達していただけますように――》

そういってまたスーッと気配は無くなったのです。

私は自分の子供の頃を思い出してみますと、しっかりとした子供と言われ育てられていましたが、父の堕落した生活感で、家系の良い事を鼻にかけ、何につけても
「自分たちは違う。お宮に仕えて直りの良い家系だった。爺さんの頃はこの辺一帯は全部うちの持ち物だった。
みんな田畑が無くて金を借りに来とったけど、一切返さんで、俺を馬鹿にしよる。

お前はそれを取り返せ！」
そう言って晩酌の酒を浴びるほど飲み卑しく私に言い付けるのです。

「剣道ばせい！」
そう言ったのも父でした。
花嫁修業にピアノやそろばん、当時田舎で習い事はお金もかかるし、そんな人は周りに一人もいませんでしたが、
田舎育ちでこれもまた私の性格なのか、
嫌々させられの習い事などいっこうに上達せず、
一日中野山を駆け回り、男の子に交じってソフトボールや水泳や陸上競技など、
大会に出ては成績もほど良かったので、
そういう事ならと、とにかく花を生けたり、書を嗜《たしな》んだり、何か日本の習い事をさせたかったようで、
高校入学後すぐ、実家の近くに合宿所の整った女子剣道で全国制覇の常連校であったその剣道部の監督の強い勧めもあり、又それが父の虚栄心に火をつけて、と

にかく強制的に厳しい指導をつけられることになったのです。

辺りのまだ暗い頃、一人で起きて朝練を始め、水道の凍ったりする冬も裸足に胴着を冷たく羽織り、日中学校で授業は受けても眠り呆け、また終業の鐘と共に自転車を走らせ道場へ行き、先輩・後輩・指導者・監督、高い低いをよく表した序列の中で締め付けられて、心のありかたというよりも、精神的な苦痛を嫌という程味わいつくし、人間の礎となる底辺の基盤作りをこの時にさせられたのだと、今になりよくわかります。

どこへ行っても気前よく、
「はいよろこんで!」と進んで始め、何をどうすれば効率よく負担なく進められるかばかりを考えて、要領よく、目上のどの人が一番偉く、どういった扱いをされるのが可愛がられるのかを探ったり、直ぐに何でもできるのです。

ちょっとの間は良かったのですが、人付き合いを『読み』として行う癖が抜けなくて、
そうして卑しく自分は良い家系だという情けないプライドばかりが邪魔をして、人間関係に破綻をきたし、
とうとう自分自身が体たらくな、気を滅し、自暴自棄へと入ってゆき、夜遊びや借金を繰り返し、どん底の生活へと入り込んでゆきました。

何も考えられないほど、約束や、心がけや、挨拶や、全ての事にクソ食らえ！と、自分の存在を呪いながら自堕落な生活をし、信用も失い、家族とも疎遠となり、仲間と呼べる付き合いもなく、人を『憂鬱を生む材料』とぞんざいに扱い、穢《けが》れて地を這《は》うように生きていました。

あるとき転機が訪れます。
ちょっと高級な、当時六本木で有名人なども出入りする流行のクラブで働いていた時の事。

ナンバー１・２・３の三人の先輩ホステスは、六本木界隈でも有名なヤクザの彼氏や、最先端のクラブディスコを経営しているオーナーの彼氏を持ち、映画などになるような、バブル期の本当に日本のお金の坩堝《るつぼ》にハマっていた人たちと交流し、大変可愛がってもらっていました。

楽しみといえば、そういう華やかな場所に居て、少し特別観を味わいながら時代の最先端を生きていると実感することでした。

ある日、ある一人のお客様にこう言われます。

「お前は賢く話はするけど、本当は馬鹿だ。こんなところで、こんな女たちと一緒になって、男のいい酒のつまみくらいでいいと思っている。

レースクイーンや、お前たちみたいな女を本当にちゃんとした人間として扱う人なんてここに来ている客の中になんて一人もいやしないし、なんなら、外の世界でも一般人の中の下の下なんだよ。お前は辞めろ。こんな所足を洗え！」

そう言って、押し付けるように自分の仕事を一から教えてやると言い、

ＮＨＫの、当時、衛星放送で流すモトクロスレースのアメリカンシリーズを放映

する為、ADとして手伝いにアメリカへ行くことになります。

この仕事は、半年間アメリカ全土を回る大会を、メディアプレスデーという選手の紹介と成績公開の場と、大きなスタジアムの中で土を入れコースを作り運営するところから放送までに関わる仕事です。

たくさんの費用と人間の力で出来上がる素晴らしい競技は、現代スポーツのエックスゲームとして、モトクロスやサーフィン、スノーボードなどで、もう皆さんもご存じでしょうが、その走りともなっていた時の手伝いをしていました。

又この時、世界というスケールを感じる事になったのは当然ですが、ここで奇妙な出来事に、今考えても鮮明に浮かぶ、一つの出来事が起こります。

そして、私の人生観を変えたもう一つの書籍との出会いにより、ここで完璧にシフトチェンジを起こすことになるのです。


『宇宙人との遭遇』

こういって話をするのを、今は何の抵抗もなくできるような時代になり、結構そういった経験をしている人もいるのだと最近知りましたけれど、今からこれは三十五年も前の事。


当時、宇宙人、UFOなど《夢》《幻》《空想の世界の話》とされ、そんなことを言っているのは頭のおかしくなった人と言われるような時代です。

私の泊まった部屋はデトロイトにある少し大きなホテルでしたが、天井が高く、ベランダはない大きな窓というよりガラス張りの一面の壁にカーテンがかかっていました。

寝る前にカーテンを閉めようとしていたのですが、上のどこかに引っかかって二十センチほど閉まりません。

四階の手摺《てすり》も何もない所だし、遠くて人も見えないからそのままにして眠りについたのです。


「あぁ、なんだこの緑色は」

あまりの眩しさに、蛍光色の緑色の光の中で、ベッドの上で目を開けると、なんと空中に体が浮いています。

カーテンの隙間から部屋中に入っているその緑色の光線が私自身を包んで上に昇ってゆくので、

天井にもうぶつかる！　と思った所で意識は飛んで、

次の瞬間、またベッドから一メートルくらい浮いた状態でストンと落とされ、気が付くと明け方の薄っすらとした中に二つの円盤が奇妙な動きをして部屋の中を飛んでいます。

どう考えても目を凝らして見ても、本当に不思議とそこに浮かんでいます。

銀色の灰皿のような物二つ。

ハッ！　と気配を感じ、自分に向けられた視線と目を合わせると、そこには二体の滑らかな薄緑色の肌をしたまっ黒い目で小学生くらいのおかしな姿の人（？）。

普通なら、びっくりし恐れるはずなのに、なんだかその真っ黒な大きな目が「あぁ、もう大丈夫だね」と言っているのが分かります。

しばらく目を合わせたままじっとして何が起こっているのか思い出そうとしま

したが、すっかり陽が射してくる前に、ふと視線を謎の飛行物体を思い出し逸らすと、なんと全てが消え去ってしまっていたのです。

あんな眩しい光、みんなきっとその話題になるに違いないと朝食を取りに集まると、そんなことある訳ないと鼻であしらわれ、

「そんなことを言っているとおかしい奴だと思われるぞ」

と社長である私をここに連れてきたその人に釘を刺され、信じてもらえないもどかしさに言いようのない気分を味わったのでした。

おかしなことは二日目の夜中にも。

さすがにこの時はもう自分の目がおかしいのだと、棚の上に座りこちらを見ている黄色く光った者が「何も悪さをしませんように」と祈りながら眠ったのです。

あまり英語を勉強して行かなかったので、英和辞典一冊と、旅立つ時にそのクラブの先輩ホステスに「きっとこういうのが読みたくなるよ」と言ってプレゼントされた一冊の本を持ちアメリカへ来ました。

ほとんどジェスチャーで恥もかき捨てて何とか通じ合い、言葉を持たないというこ とがどれだけ大変なのか、知らない土地にホッとする時はなく、なんとなしに読み始めたその本に衝撃を覚えました。

【シャーリー・マクレーン】

当時のアメリカのトップ女優の、《憂いなき魂》となってゆくための指導書的な本。

【アウト・オン・ア・リム】というその本の一説から《因果》にまつわる話を読み、実家に《自分というものを扱う》そういう言われ伝えがあった事、言葉ではなくそれを祖母にしつけられていたこと、

そうして親子の確執から自分というものを見失い、恥を重ねた自らを省みて、なんとも堕ちてしまった魂を、どうにかして救わねばと泣き崩れ、

私の魂の再生が始まったのです。

でもしかし、底なし沼に落ちた悲惨な魂が簡単に浮いてくるはずもありません。

同じような痛みを持った者同士一緒に暮らし始め、傷ついたお互いを慰め合う

ように一つの家庭を作りました。
実家どうしの集まりにも違いが在り過ぎる者同士、義理の家庭は教育者の家系。しつけには厳しいものの、人の批判が多く、学の無い者をけなします。当たり前を一生懸命尽くしても小馬鹿にされ、そんな状態でしたし、その母親の言うなりで、一切自分の意見を持たない主人に嫌気がさし、揚げ句には、自立を理由に家庭を放棄され、私は三人の子供を連れて家を出ました。

ある時から違和感あって小さい胸のしこりを見つけ診察してもらうと、診断では良性とされ、そのまま三年程経って、
毎日を、朝五時に出ていく子供の朝練に間に合うように支度を始め、夜中まで二店舗の経営していた店を行き来して、睡眠時間は二～三時間で疲れ切って生活をしていた時の事、油断して、落ち着きのない相手に車で追突事故を起こします。
散々因縁を付けられて、示談もしてもらえずに毎日のように謝りに見舞い、金銭を要求され、精神的にもう限界というときに、
急激に大きさを増してきて、しこりと言えないほど大きくなって右胸全部がカチ

カチに硬くなり、表に赤黒く拳を作った胸を、もう限界まで我慢して、
「今自分がここを離れれば、すべて終わりとなってしまう…」
お客さんや、スタッフや、なにより大事な子供達が路頭に迷うと思い、慎重に準備をし治療へ進めようとしていた矢先のその出来事をきっかけに進行が早まり、診《み》せにゆくと、診断は、
「余命宣告もできません。すでに転移は全身にあり、ただ一日も長く生きましょう」
ステージ4の末期の乳がんで、もう、自分のことを自分と思う肉体すら取り上げられる時が来たんだと、
家族を愛し、親の苦悩が解り、小さいながらも自分の店を持ち、お陰様と思える心も、また、安寧も見つけそうになっていた矢先に、
なんとも悪運づいている自分が痛ましく、そしてそこに関わる人に申し訳なく、【一磁進】という、いつかの時に現れた、その忘れかけていた存在にもう一度繋がったのでした。

《あなたが悪いわけではありません。あなたは経験しているだけ》

卑しさの全て、心の中の上から下まで自滅という極限。

支配従属という人間の作った構造社会。

愛の本当の意味。

慎ましく生きること。

阿修羅の怒り。

霊族の事（これは守護とは違う、餓鬼童や悪魔、イナリやイタチ。天界のように名乗りあげる卑しい宗教者に憑りつくものら）。

押しつけや誘惑。

【氣】という気配。

人格を作っているもの。

言葉の威力。

想念の仕組み。

【在る】という世界に通じるため氣を解いて発揮を作り、

完全を創るための極意。

そういったことについて突き詰めて考え抜きました。

悔しくて悔しくて、いくら考えても心が苦しいだけで、強くあるしかなくなって、魂を癒すことが分かったのです。

私には時間がありませんでした。

子供たちを残しても、その子たちの生きる道があまりにも光に遠くて、ともすればみんな破滅してしまうかもしれないと思ってもいました。

親が私を見て泣けば、こんなにひどい親不孝はないと、心底心が締め付けられて、悔やんでも悔やみきれませんでした。

残された一日が今日ならば、何のために生きたらいいのかを考えました。

そうしてたどり着いた答えは、愛にあふれて生きることです。


がん患者だった記憶は一日もありません。

楽しみを棚上げし、たくさんのことを一日中やりながら、心を犠牲にしてきた結果、自分の本当の気持ちを殺して細胞が破壊されてそうなった。

自業自得が分かったからこそ、自分自身を最後くらいは理解して、真剣に生きて愛し合おうと決めたからです。

病気は、自分が病んでいると認めた人がかかっているのですから、私の場合はそうではありませんでした。

一日でも長く生きると決めたとき、最高の最期を想定し、「あなたの子供で生まれてよかった」と親に笑顔で言ってあげたかったし、愛する子供たちの完璧な親でありたかったし、何より自分自身が本当の意味で人生を謳歌《おうか》して、特別な時間を大切な人たちとともに、心から支えあい喜びを分かち合い、真剣に生きていきたいと思っているわけですから、患者になどなる由もなかったんです。

たまたま癌が治ったのではありません。

私は癌を感謝して治した。

治すというより、元に戻したのです。

その間違いに気づいた、と言ったほうがいいかもしれません。

もう一つ逸話をお話しすると、
この後不覚にも些細《ささい》なことで階段から転げ落ち骨折した時は、
医師の言うことは、他人の予後の経過の平均の話ですからと言って、全治三か月の治療を受けるとなれば仕事を三ヶ月も休めないから、ギプスも固定もせず三角巾で括って帰り、二週間で治して見せて、
病院で治すのではなく、自分で治せることを証明しました。
特別に何かをしたのではなく、ただ単純によくなるための努力をし続けただけなのですが、
でも皆、人は言います。
「それはあなただからできたのだ」と。

しかし、心についてたくさん勉強もして、感覚でも理屈でも少しは分かったつもりでいても、たった一つ、お金については本当に苦労しました。

これだけは、一磁進にどんなアドバイスを貫い、教えに導かれているといっても現象の方が深刻で、今すぐどうにかしなければならないことばかり起こるので、何度も何度も一磁進を疑い

「こんなことを教えられ、人なりとしての習いを云われても、何の足しにもならんじゃないの！」と憤慨し、

きっと天がすべて与えてくれるものだと初めから勘違いして、

《自分の心がそう決めて起こしている》と何度云われても

「そんなはずある訳ないし！」

そんな馬鹿な期待を起こして創っているとは全く思えるはずもなかったのです。

【力】とは内側にあって、

何なりと今見ているものは、すべて自分がそうだと確信を示したものにしかなっていないと解るまで、およそ十年かかって本質に繋がることを理解できたのです。

あと一つ、この私の人生のシナリオにつけ加えておきたいのは、

暗黒の時代の中に、自分がどうしてこのような偉大なる導きをいただいているのかということです。

「あわよくば、この話で一儲《ひともう》けしようと画策すれば完全に消滅する」

そういった出来事をお話しいたします。

これは重要なことで、これを読んでなんとなく思い当たる節があり、違和感やドッキリとした人はご注意下さいませ。

生活があまり良い状態では無かった時、主人は一日中どこかへ出かけ、私が販売で成りを立てて行くしかなく、人の心に土足で入り、ものを売りつけていたようなことでお金を儲けていた時、『心を売る』というようなことがありました。

神ごとをする有名な霊能者の経営する店に勤めていた時の話です。

その社長の十八歳の自分の娘に持たせた店は、月の売り上げもなく、途方に暮れていました。

私はちょうど二人の子供を抱え、収入の少ない分をなんとか販売の仕事で賄《まかな》っていたのですが、その娘の出しているエステ店を立て直してほしいと知人に頼まれ、その会社に入りました。

まぁ、りっぱな機械も充実し、豪快な椅子・テーブルもあるのに人は一切来ていません。

仕事を教え、少しずつ活気が出てくると、ある時霊能者の社長に呼ばれ、

「天界の八百万の神を柱に入れましょう」

と言われます。

それをこの店の繁栄の為に働いてもらうことを条件に『タダ』でと言ってくれるのを受け入れました。

だんだんと店は繁盛し始め、月の売り上げも二〜三百万を上げるようになると、要求はもっと高くなります。

小さい子供を預け、夜は店に置き、夜中十一時ごろまでを仕切り、貪欲にしていると、どこからか声が聞こえます。

人間の操作が始まったのです。

卑しく取引きをしたつもりはなくとも、目の前のお金や、地位や何かと引き換えにそういったものを中へ入れるという行為。

今、とても横行しています。

私の経験上、これはとても大変なことになってゆくのです。


龍を崇め、龍体を繋ぐ儀式。

高次の存在と簡単に対話ができるチャネリング講座。

天津天のりっぱな神々を中におき、繋がりたいというその心情の裏の心をよーく考えてみてください。

「私もお金持ちになっていい暮らしやいい経験がしたい」

「あの人のように人から崇められるような存在になりたい」

「目醒めて勢いづいて、人間の世界を脱出したい」

「宇宙人や、精霊たちと繋がりを持って楽しめる特別な自分になりたい」

夢幻のような世界の憧れは、まさに自分の魂の存在の大きさに気づかず、自立の出来ぬ**依存から起こす衝動**であるということを、私に厳しい意見を言われ遠ざかった人にもきっとこのことを言ってあげておけばよかったと後悔しています。

人間の心は底なし沼のよう。

私は、自分の人生の中で、本当に卑しく自滅する人間の世界も知ったうえでこの話をしています。

妬《ねた》みや恨み、気丈にしても、そういった人の芯に染み付いた『一抹の濁り』ですら、いくら覆い隠しても「人より自分がよくありたい」そんな心が誰の中にも存在していて、

自分の特別感をそういった影なる力へ譲る時、もう首根っこは摑《つか》まれて、怖気づいているその魂を舐めまわし窘《たしな》めてゆくように自然と心を牛耳《ぎゅうじ》り始めるのです。

野狐やイタチはいつもは顔を出しません。

今はいい話がどこにでも転がっているので、さもありげ、得意になって話します。

だんだんと『人間』というものを傍《はた》で見る自分が生まれてくる頃に一気に血祭

りにあげるのです。
長くこういったことを語る世界にいると、いい情報に洗脳されていると信用し、自分の目の前に憂いなき特別な存在が現れて気の利いた事を言ってくれると思うのは無理もありません。
『鬼滅の刃』をご覧になれば少しは私の話の意味が分かるかもしれませんが、人の心の隙を見て忍び寄り、巧妙に取り込んでしまうのがとてもうまいのです。
見えない世界は、私たちが見ている世界以上に複雑で、たくさんのいい存在ももちろん当たり前にいますけれど、
なかなか人の心くらいでは、実態として現れ導いてはいないもので、
【おかげ様】といって、魂が磨かれ本陣の憂いなく、成りようを解った時、綺麗に道を整えて、見聞きする物を変えてくれたり、
必要な条件を整えてくれたりするものです。
何のことにしても、お金を払い自分の中へ何を入れたか、人くらいがそんなものを勝手にすることはできませんし、本来、人というよりエネルギーであることから、せいぜい光と同調し、その光を連絡拠点とし中継するくらいのことまでし

か、そうするくらいしか出来るはずはなく可笑《おか》しな話なのです。

ここから先しばらくは暗黒の時代。

この続きは本編の中で。

フォトンに巻かれた光の時代が終わりを告げ、今や、時はすでに暗闇の悪が暗躍し炙り出された後の世界。

『悪』を『悪という一元の中』へと追いやってゆく最終的な仕掛けはもうクライマックス。

エネルギーとして宇宙は始まり、それはエネルギーの特異性によってのみ消滅させてゆくことが可能なのです。

このことをこれから分かりやすくお伝えしたいと思います。

記憶について

『記憶をする』ということは、
脳の、一過性の出来事を覚え込ませて、データとしての保管をする機能のことをいうのです。
危機的な状況になった時、あなたは
『あっ、ヤバい！』と、その一瞬の感じ取ったイメージ全てを保管します。
臭いや目で見たまんまの映像や音、触れた感触、苦々しく思ったその感情、それら全てを一瞬にして凍結したようにひと塊にしてポンっ！　と箱の中へしまうのです。
またそれとは別に、何気ない日常を繰り返しつまらない気分の時は、ちょっと違った捉え方で、何重にも紙に円を書き殴ったようにグルグルとなぞり、真っ黒い影のようにしっかりと色濃く刻印してゆき、べったりと心へと貼り付けて教え込むのです。

『記憶』とは、頭の脳に、強い印象のものは残り、また別に、人間の普段の日常の何の変哲もない出来事は、揺らいだ椅子に長く座ったように深々と深く心の中に刷り込まれている、これを『記憶』と言っているのです。

通常、人間の身体的機能上、脳の海馬に関係を繋ぎ、目の前の出来事を、今までどこかで体験したことはないか神経によって確認しています。

もし、〈何か起こした時〉と〈似ていた何か〉に条件となる場面の映像ストーリーや、印象に残るイメージに繋がっている臭いや味、聞き覚えのある声や音、気温や湿度、触り心地、これらがはっきり一致した時、

警戒心を発したり、見えないその意図を読み取ったり、自分に危害を加えるものではないかどうかを感覚的に察知させるために持たされている機能ということに

なります。

しかしこれが、恐怖心、不安感、そのような日常における出来事となっていないにも拘らず、
《もし》《例えば》《仮に》という前提のもとであっても、
刷り込まれる情報に意図があり、見せられるものを制限されていた場合、どんなことが起こるのかちょっとイメージしてください。

周りに好きに興味を持って、退屈しのぎに何から何まで自由に選んでよいはずの日常に、
毎日まったく同じ内容で、どのテレビ番組を見ても、
ラジオを聞いても、雑誌を見ても、遂には話す会話の中身も全く全てが同じものを与えられ、見るように仕向けられ、制約を付けられ、
監視され干渉されてゆくとしたら…

少しずつ紙になぞった円はグルグルと軌道を重ね、

強く大きくハッキリと形づくり、
その情報が、
《もし》《例えば》《仮に》と前置きされていたとしても、
私たちの心に刻まれるのは、最初の頭につけられた、
《もし》《例えば》《仮に》という仮説ではない、
本物の不安と恐怖が刷り込まれ、
異常に人を警戒し、邪推を起こし、他人同士が敬遠し監視し合う、
揺さぶりが少しかかっただけでドミノ倒しの起こりやすい、そういった集団意識の操作が、短期間に集中し一気に崩壊させることのできるという
『余剰の力』が働く事になってしまうのではないのでしょうか。
高揚する気分により、何かを起こし生きるという人間の真の喜びは、あわよくば消し去られてしまうのではないのでしょうか。

加えて言えば、あなたが今、『時』という一分一秒を進んでいく時間の中に生きていて、毎日会社や仕事や学校へ出かけ、その日常ごと費やして過ごしていま

すけれど、
記憶の中のほとんど全てが嫌な感情のものではなかったはずなのに、
誘発され、感情に繋がる今に起こっていることが、
単純に毎日毎日同じ話が繰り広げられ、後味悪いものばかりを見聞きするように
全てのメディアが同じものばかりを取り上げていたとしたら、
仕事先での会話は自然と同じことを共有し、先々の不安からあえて何かを買わさ
れて、
もしもの不測の事態の為に消費は抑えられ、安定の供給は底をつき、暮らしの崩
壊へと繋がってゆくのではありませんか。

人というものは、恐れや心配から何かの行動を起こす時、
それがその不測の事態を受け入れて、
もう自分からそこへ意識を繋いでしまい、ありありと言葉にし、
イメージした通りの現実を見ることになっているということを
多くの人は知りません。

人間の『記憶』から始まった心に芽生えた感情が、強い磁気を放っていて、自分の生きているその現実の中に、現象として起こし見せられるようになっていること。

これが真実を創っている元になっていること。

ここに注意を注いでいなければ、自分の身の回りで起こされる決定的人生ストーリーは、今後いっさい良いものにはなってゆかないということなのです。

これからする話は、命をもって今この地球上に生まれ息づく全ての人間たちに大いなる導きとして、

始まりひとつ
磁力を与え
進化し進み出でし

誓いを祝詞にし、大いなる源へと繋ぎ止める
日本民族の叡智を意味する【一磁進】。
神・仏の信仰以前、宇宙根源の白銀の光より出し
高度な知性集団【光の集合意識体】からの神妙にして福々たる愛一元の教え。
粗い御霊に磨きをかけ、本領を発揮する魂の教科書。
大いなる仕掛けにより、訪れし暗黒の時代を救われ生きてゆく者の、人間の尊厳を知り魂の濁りを祓《はら》い清め、新しい進化した波動体となるための導きの書。
新人類を迎え入れた、改められた愛と悠久の希望の惑星、地球人類を次のステージへと誘ってゆく為に送られた由緒正しき【真言】という誓いあるメッセージをまとめたものです。

今日この本を手に取って、終わりまでをしっかりと理解できなくとも、あなたの真管が通り、強い磁気に支えられ、これ以後の人生は心の憂いを祓い清められる毎、知らず知らず明けを見て、苦しみ解かれてゆくことになってゆきま

す。

きな臭い話にばかり世の中が動かされていても、
あなたの心は憂鬱から解かれ、
観てとる世界は別であることを実感するでしょう。
コロナウイルスや、落ち着きのない事象ばかりの世の中を、単純な宇宙の真理を繙いてみれば、それが大掛かりな仕掛けの中の出来事なのだと理解するはず。

目の前に広がる世界は、もう間もなく
地獄行きの列車の駅と、
弥勒《ミロク》の世界、憂いなき進化を遂げた者だけが乗り込むスペースシップの待っている駅、
どちらかに行くように間違いなく分けられてゆくのです。

勢いに乗り、一気に出発いたします。

乗り遅れないようにどうぞご注意ください。

申し伝えておきますけれどこの乗車券、片道切符しかありません。

後戻りはできませんので何卒、何卒入念に、慎重にお選びいただきますように。

先に申しておきますと、鳴り物入りでお出迎えなどいたしておりません。

旅の途中で休憩をと、外の景色を眺めた時に、派手にこちらを誘う者もおりますので途中下車はご勝手に。

ただし、扉は閉まりますので後先後悔なさいませんように。

絶対的存在の宇宙

『頭に描いたことは全て現実として経験する』ということは、たくさんの有名な成功哲学書などにも記され、今現代の精神論とされるスピリチュアルの分野や、心理学にも応用実践できる方法もあり、もう段々と宇宙の本当の仕組みが分かり始めてゆく最初のきっかけとなってしまいました。

心で思い、頭でイメージ。

素直にそれが起こると理解したものは既にもう出来上がっていて、《時間》という、この地球上の通過する列車をしばらく眺めていると、突然それは目の前に現れて、あなたの真実となって経験することになるのです。

実際に経験として知るまで、いったいその間、自分の印象がどうやって具現化されて行くのかは、最新の量子力学で簡単にして説明することができるのです。


まず最初に知っておくことはひとつだけ。

この宇宙に存在する全ての物質、空気、水、その他光を放つ蛍光ランプ、ラジオ、テレビ、電話、通信できる全てのもの、明るい太陽…、
どこまでも続いた先にある、全てこの世界を繋ぎ創られているものは、密度と振動が違う《たったひとつのもの》で出来ているという事。

総じて全ては【エネルギー】として存在しているという事に発見があり、それは何もない所から突然現れ、意識をすれば小さな粒の粒子となる。

あの有名なアインシュタインの発見によって証明された、量子物理の最高傑作、一般性相対性理論に紐づけされた、『意識すれば物体となり現れる』アートニクスの法則なのです。

アートニクス、創造。想像幻想のように現れる。

それは【無】から何かが創り出されているという、

この宇宙全てが想像によりもたらされたという現象は全て【思考】が創り出したという真実。

つまりは、【在る】という性質の世界から、意識し何かを取り出す事。

宇宙とは、全てひとつのもの。

宇宙とは、絶対的存在のもの。

そして、【無】という何の正体もない、未知なる不可思議。

在りもしないもの、見えぬもの。

とんでもなく大きく広がった瞬間に消え失せる…

「そんなバカな…」と思うでしょうが、もう最新の科学で証明され、使われてもいる理論の事を少しお伝えしたあとで、その真実を解るようにお伝えいたしましょう。

『在る』のはその瞬間の閃きだけ。夢か現実の境はない

あなたは、『人間』というこの地球上の生き物です。

生き物というから生命を宿し、新陳代謝を繰り返し、呼吸や補給排泄を、しっかり意識で《こうするとこうなる》と思い巡らし、行動することなしに、自然とそれを維持しています。

人間一人の細胞は、平均三十七兆個位と言われています。

そのたくさんの細胞は、ミトコンドリアによってエネルギーを作り出し、しっかりと細胞の中で躍動をしています。

美しいほどにいつも光を発し、点として存在しています。

それをどのようにして存在させているのかを決めるのは、

長い長い人類の全ての意識を繋いで受け継ぎ、血の血統、血縁以上に、
【意識体】として、例えば民族としての外見や習慣、言葉、性格、誇り、知識や
男性女性という性差。
環境や、苦痛などの出来事から身を守るための抗体を作り出す機能。
好き嫌いや、影響を受ける実態から学び取った、
コピーされ続け、今を生きる自分となった意識の集大成。
アカシックレコードというこの宇宙全ての存在意識と直接繋がりあう自分。
DNA。遺伝子。ディオキシリボ核酸。
この人間の身体は、一人だいたい三十七兆の細胞一つ一つの中にミトコンドリ
アがエネルギーを作り活かし、その形状はDNAが決定し、存在している。
映像として想像してみてださい。
しかも毎瞬どれかは死んで消滅し、また新しいものが生まれているのです。
そう、あなたは毎瞬入れ替わっています。
少しずつの変化なので、
「ちょっと、今自分が死んで生き返っている…？　とんでもないわ、作って消え

るなんて！」
素晴らしい存在としてありかたを繋ぎ躍動するエネルギー。
そう、あなた方人間は、その一つ一つが集まった二重螺旋《らせん》の設計書を情報として組み上がったもの。
更にもっと凄いのは、その細胞をもっと拡大し広げて見ると、それは分子構造としてアミノ酸やカルシウム、鉄やアルミニウム、ナトリウムや水素に変化して、何かを決定づける元素となり、
それを更に拡大すると、イオンを持った電子と陽子、中性子となって、真ん中に陽子を置いて中性子で挟み、その周りをイオンで言えばマイナスの電子がクルクル回っているという構造へ変わり、
もっと更に拡げて見ると、原子核となった陽子と中性子はなんと驚く事に、小さな小さなたったひとつの点。
点と点の隙間を言えば、ある一定の距離、
例えば地球ひとつまで拡大したとすると、その隣は月、その隣は金星といった具合に丁度天体惑星同士の隙間くらい広いという事が分かってきます。

知られざるのはもうひとつ。

この小さな小さな点々の集合体自体、一つ一つが微細な振動を繰り返しているという事。

信じられないけれど、そう、全ての見えるものも見えないものもこの宇宙に存在するものはたった一つの粒。

微細な動きを繰り返し運動し続ける粒により作られている。

私も、あなたも、牛や豚、虫や鳥たち、花や草木、水や空気、自然のものも、そうではない機械的なもの、
机、椅子、食器、紙、全てを拡大して見れば、なんと振動する粒で全てできている。

それは一秒間に何回動いているのかで、一つの単位を表して、『周波数』という決められた数の基準によって表され、一つの振動は他の振動に共振共鳴を起こし、一致したものがそれにあたる。

例えば、人間の細胞とはいってみても、髪の毛と爪、どっちもタンパク質でアミノ酸、分子構造は全く同じ。
しかしながら、集まる形はそうなるように決められている。それは何故？
一致し、そのものになるとどうして決まっているの？
新しい細胞はいつ
《自分は爪になるんだ》
《僕は何になろう？》
《私は唾液になろう》
そんなこと決めているのでしょう。
初めから決まっています。
美しい全ての振動は設計図に従い、その繋がりは『周波数』という互いを共振しあって、もう何かになるようになって起こされているのです。
さぁ、この周波数、髪は髪の振動を連なり伝え、爪は爪、歯は歯、音を出す声にしてもその振動を起こしているのです。
もう分かりましたね。

全てのもの、見えるも見えぬも、ありとあらゆるものの正体は電気的性質を持ち、水素や窒素や様々な元素となりうる粒の集合体で、壮大な宇宙を創り出しているのです。

やがて、通信機器もこの振動するエネルギーを【情報】という音速で飛ばす技術を開発し、単純にしてその振動の波を大量に行き交わすことのできる時代へと突入してゆき、ここに人間の理解の大きな間違いとなる落とし穴が在るということを、あなた方は真実として知ることになってゆくでしょう。

偉大なる天才科学者アインシュタインが、生前自分の娘へ宛てた手紙の中にこう記しています。

『今はまだ、この話をすべきではない。この手紙は私が死んで時として二十年後の先の未来の人たちへ宛て残したい。

その時が来たら、これを世界中の人へ知らしめてほしい』

そう残し、

『私はこの宇宙の真理を全て解き明かそうとして、

一般性相対性理論という、宇宙は全てエネルギーで創られているという証明をし続けてきた。

これは、わが国アメリカにおいて、大きな発見であり、天という神を自在に顕わし使う技術を産み出した。

飛行機が空を飛び、潜水艦が水の中に沈んでも、人はもう何も驚かない。

しかし、人間とは恐ろしいもの。

段々とそれは、【支配】というたった一つの【欲】が備わりついていて、全てのものを従属させる強い国を創る為、核兵器というものを登場させてゆき、とうとうそれを簡単に作り何度でも地球を壊す事のできるほどあちこちにばら撒いてしまったのだ。

いかなる発明も、破壊の為に使うことは在ってはならない。

が、しかし、アメリカは威力を知る為平和の為と理屈つけ戦争終結の決定打とし、日本へ原子爆弾二つを落とし、多くの人々を散々にして殺してしまったのだ。

もうこのことを後悔しても仕方ない。

死んで詫びる事にして、それすら意味は持たないことを、私だから知っている。

愛という無限のエネルギー

《$E = mc^2$》

エネルギーはメタトロンという本当にとてつもない小さな小さな粒の振動によりおこされ作られている。

些細な振動ひとつは、強く弱く自然と振り分けられてゆき、そのスピードが速ければ速いほど高い振動を起こし続け、跳ねまわりぶつかり合い、たくさんのイオンを発生させる。

人には感情があり、その感情にもエネルギーは存在する。

身体を構成する振動は、ある一定の周波数に保たれているのではなく、絶えずいつも振動している波の連続なのだ。

人と人が同じ物質であったとしても混じり合うことはない。

なぜかというと、たったそこに在るのは、瞬間のその振動の違いがあるだけだから。

些細な振動は波形を作り、静かに静かに動いている様で、実は全く違うのだ。人間ひとつの振動数を言って驚くかもしれないが、一秒間にそれは八十兆回を超える振動を起こしているのだ。

八十兆ヘルツ。基本的に自然体でいる時がそうだとしよう。

しかし、同じ一人の人間であってもその周波数の高さは違う。

低くて遅い。高くて速く、知らずにイオンを放出している。

高ければ高いほどその質量は軽くなり、重力が解かれる。

意識が成熟してくるとだんだんとそうなって、身体を脱ぐとき、「自分」という存在であったエネルギーの行く先は決まるのだ。

天国か地獄。

私は、物理学者でもあり、科学者でもある。が、哲学者でもある。

人間の尊厳とは《愛》を分かることだ。

《愛》は高い（貴い）。

《愛》は美しい。

《愛》は崇高なる自信を与えてくれ、何かを生み出す力となっている。

《愛》というものに限りはない。

無限の宇宙の中、坦々と在り、失うことはあり得ない。

充分に、自由に、存分に扱う事の出来る、一番最高の条件を満たすエネルギーなのだ。


いいかい、メアリー（メアリーは聖母マリアを意味し、娘、リーゼルのことをそう呼んだ）、アインシュタインの最後の言葉として父から君へ送る最後の言葉を贈ろう。

さようなら、
私の愛する娘よ。

私は大きな罪を犯し、もうそれを止めることのできない過酷な試練を旅することになってゆくよ。

後悔と懺悔《ざんげ》。

悪魔に気に入られ、悪魔に扱《こ》き使われたという証だ。

私は天才物理学者として崇められた人生をありがたくとも送った。

しかし、メアリー、
最高の人間の進化は、そんなものではなかったんだ。
人間が欲に溺《おぼ》れ、支配を覚えた時、全ては見事に打ち消される。
他人と自分。内側と外側。
あまりに単純なこの宇宙の法則は、
E＝mc^2【エネルギーは質量×光速の二乗】
たったこの一つの公式で証明される。
全ては光。素粒子の集まっただけのものなのだから…

知らず臆病になり、自分のしている事が飛んでもない間違いだったと気づいてしまった。

オー、ジーザス。どうか私を許したまえ。

嘆きを言葉にし、どんな謝罪を繰り返しても、もう後戻りはできないところへ来てしまった。

人間は《愛》を知るべきだ。

愛こそ疑うべきではない。

そうだ、私たち全ての存在は、《愛》によって育まれ、愛によって生かされている。

与えよう、光となり。

与えよう、全てのものに。

愛は力となり、悪を始末してくれる。

愛こそが生まれゆく魂の来たところ。

そしてその愛へと還されるのだから』

アルベルト・アインシュタイン
アメリカの哲学者でありながら、生まれたその命を解明し、ついに到達した宇宙の絶対的法則。

全てのものは、ひとつの振動する粒が集まり繋がっている。

そのひとつとは《光》。

素粒子運動が盛んになればその光はイオンを放出し、《愛》という暖かい炎となり、癒し与える。

あなた方が他の哺乳類と違っているのは、【本陣】という崇高な魂を入れ、【意識】という自分と認識する何かがあり、自由な発想で閃《ひらめ》いて、ありとあらゆるものを創り出し見せているというところ。

単純に生命体として存在するならば、その生命体を維持確定する本能だけを備えていれば良いのです。

虫のように、鳥のように群れを成し、何かの目的に合った行動を示唆する為に信号を交わし伝える以上に、言葉や印象を何かに変えて存在させることのできるその原点にアインシュタインは挑みます。

《在る》という意識

今は何もない箱の中。

全て波長なのだと解ったアインシュタインが次にたどり着いたのは、なぜ何もない所から、それが現れるのかという事です。

その箱の中である一定の周波数を発し、それを放射させます。

この時点で波となって映し出されるのは、一つの点が振動を起こし、揺れ動く時間の経過と共に広がってゆくという円放射の法則。

ひとつの振動は一方向ではなく、中心から外へ向け全方向へと放射している、水の中にポツンと石を投げ入れて起こる波のこと。

それを真空の中で行う実験が、有名な『二重スリットの実験』というもので、それによって解明されたことは、映しとったスリット上の隙間の先で、信号は二つに分かれ重なり合うというもの。

その証拠を取ろうと定点カメラを手前に置いて、視点を作り観察したところ、その円放射はいきなり点となり、凝縮し、粒状のものがスリットの先で集まっていった。

波は意識して捉えようとすると形を変え、存在を現わすという、【無】から現れる条件が発見されたのです。

《在ると意識したもの》
自分が決めて確信している事。
存在する前に現れる事になっている。
だから明日、また明日。
次々に連続し現れる。
ただ純粋に明日という日が『在る』と知っているから起こるんだ。

「そうなって欲しくない」

「こんなことになってはいけない」

日常にいい情報はたくさんあるにも拘らず、「あのことはどうすればよいのか」

「もしこうなったら」と想像し心配する。

その心配は【無】から意識して取り出され、
時間の中でありありとした現実となり現れる。

【在る】という性質世界から、なってはいけないことも生み出せる。

あなたがもし、今の人生をやり直し、強い信念をもって作り変えようと
でき上ったものをどうにかし動かして、
価値を変えようとそんなことをしても何の意味もないと言っているのは、
もうすでにあなたの決めた真実は創られて、
「こうあってはならない、こうしなければマズい事になる」と心が勝手に振動し、
焦りと心配の周波数は自然と自分から発せられ、一瞬で無から粒となり、
時間の経過とともに顕われる。

これを【並行次元】と言って、時間の外の領域で、もう簡単にして創られて、次々と目の前に空想が質量を持った実態となり表に出てくる。

心とは全てを生み出すアラジンの魔法のランプ。

ゴシゴシ擦りピカピカに磨き、

「さぁ、何がお望みか？　一瞬にしてお出しいたします」

…みんなこれを使っているのです。


意識をどこに向けているか。

高揚する地球の磁気と言って、この次元が三次元から六次元の領域まで現れてなど、どこのどの科学者も定説として言っているわけではございません。

こうした一つの進化を予期し、あらゆる意識世界や精神世界の中で、不可思議な証明できない空想話のように取り上げられ、目醒めを、進化を、と言っていることは、まったくの嘘なんかではないのです。


悪意ある者たち。

この地球上の利権を争う勢力は、もう情報化や時間短縮、そういった見えない領域の全てを解明し、すでに量子というものと、天体宇宙のマクロとが合体した理屈を、理論科学ではなく、応用し使い、もうそれは宇宙の不可思議な『次元時空』という、無いところから現わして、あるものを無に還す。

そういうことが可能になって、真理を追究し完全網羅した性質まで自由に扱うことができるようになったのです。

例えばこれからさらに拡大し使われてゆくのは、最近のCMでも話題の家庭用の5Gスポット、これをまとめるのが6G。

ご存じの方も多いと思いますけれど、5Gと呼ばれる従来の通信の限界を打破するために開発された次世代通信システムですが、このミリ波と呼ばれる軍事兵器として活用されているテクノロジーを使用している強力な電磁波形は、超高速スピン運動をする量子エネルギーを大量に行き交わせてゆき、無尽蔵に信号をやり取りできるものです。

見えない領域で瞬間にして、人の意識や音声、画像が飛び交い、情報網の発達が、【無量】とほとんど変わらない性質を広げていることで、物質としての分子構造を持ち、重力で時空間にあるこれまでの三次元に、時間軸を足した四次元密度の性質より、容量を増し、実体として【空《くう》】を開き、見えない信号波を大量に扱う周波数域が大きくこの地球を覆いつくし、感情や、意識想念、肉体を脱いだ霊魂、邪推、怨念、悪鬼、鬼神、悪魔…

肉体しか目に映り触れて確認できないから、それしかないと思う価値観は取り残されるといっているのです。

重力の全くかからない、時間が干渉しない領域。

人の意識で言えば、憂いという低く振動するものを排除し、光を頭から入れて、腹の奥底に溜まった不愉快な感情のエネルギーを放出させてゆくと、心の感度が上がっていって、「本当はこうしたかった」「本当はこうありたかった」という心からの憂いなき思いが湧き上がってきます。

それこそが、時間や重力から解かれた、本来の自分のあるべき姿。

その意識が起こす『発揮』というもので、弾むように飛び交う無重力の信号波と同調し、瞬間でつながり現象化される内なる性質の世界そのものなのです。

これからそうした5Gなどで大量に飛ばし作る現象は、未来の家電製品などに直接つながり、人の体温や、声、呼気に含まれる硫化水素や二酸化炭素やアンモニアなどの量や、発汗や、汗の状態や、気温、湿度、音としての性質の条件や光線量…

また更に人の一日の行動や、思考し発する会話を全てスマートフォンなどの便利な機能から集積し、人工知能と連動させ、心を読み占うように人生を予測し、そうして人の一生まで、事細かに指導するかのように洗脳され、自ら考え起こすことも、苦しみや悲しみに耐え、乗り越え学び魂を磨くことも、そうして、生きて死ぬという意味も見失い、誰の意識かもわからず、『知性』という、本当は宇宙の偉大な叡智につながれていたということさえ、気づくことも知ることも求めることもなくなって、単なる、生かされ働き、本当の自由を奪われた『人間奴隷』となってゆき、実体ではない幻想世界へ、ゲームやバーチャルリアリティーと言われる仮想現実の世界へと誘われ、本当の天国のように魅せられる、脳が完全に騙《だま》されて、旅行へ行った気になったり、アトラクションを体験したり、気温や湿度や、香りと効果音でVRの世界を覗き、感覚で与えられる世界をお金で買う、言わば『新しい天国』。

しかし一方で、実体の体験で起こす空想を現実にしたり、思いを形に変えて丁寧に試行錯誤を起こし経験をしたり、多くの人との本物の心の触れ合いにより、感情のやり取りから真の友情を築いたり、努力に値する目覚ましい成長を自分の中に起こし、感謝や感動を味わい尽くし、自尊心という自分の内なる叡智と繋がり誇りを持ち、森羅万象を生きる豪快な一生を見て、あらまし興す太平楽と、そうしてその魂の輪廻の先で見る天界の黄泉《よみ》。

本物の天国があるというのに…。

コロナウイルスを、今計画的に撒きながら仕掛けている洗脳操作の実験が終わり、人々が一つの指示で一斉に隔離され、自宅待機やリモートでの講義や商談、退屈しのぎの情報の閲覧。

会話や文書は集積され、全て人工知能のデータとなって民衆の総意はそこに集合意識として保存され、アカシックレコードとして機能するようになってしまっているのです。

宇宙誕生の時からの全ての命を育んできて、今この時に繋いでいる本物のアカシックレコードとは全く別次元の、人の心を読み取って一体何をしようというつもりか、確実に人間の知性を奪い、行動を制限し、機械のように操る為の洗脳操作は始まっている。

仮想天国『悪魔の智恵の蔵』。

アインシュタインの最後に残した手紙の一説に、

『愛を生み、愛を与える為にエネルギーを使うべきであったのに、支配という卑しい欲に侵されたその力に抗う事が出来ないまま、この叡智を売り渡してしまった』

と嘆き悲しむ一文は、

この『情報』という、一種、宇宙の真理とは少し解釈が別に必要な、凄まじいスピードで発展していったシステムと、ニコラ・テスラの電磁力の発明によってもたらされた『別の真理』を創り出してしまう結果となっていったことを意味しています。

原子力と電磁力。

超電離システムという進んだアメリカの技術は、【愛一元】と謳《うた》われた宇宙の根源が真っ二つに分かれ、卑しい悪魔崇拝によって求められた我欲のあらましの終の行く先は、崩壊という実態を生む【悪一元】へと繋がってゆき、

この地球上の上空にあり、取り囲む大気圏の外側の磁気波で覆われた圏層帯域を使い、オーロラや落雷発生の正極性のある現象を作る電離層と呼ばれる磁気の強さを利用して、

原子力の数千倍、数万倍の威力を発し、流れを変え気流を作り、自在に天候を操って、大きな甚大被害をもたらす洪水を起させたり、火山活動や地殻変動を活発にさせ人工的に、大きなプレート移動ではない磁気波による衝撃によって甚大な

る大地震を引き起こし、
スマトラ沖や、日本列島、インド、アフリカ、ニュージーランドなど
活動する火山帯の在るところで実験を繰り返し、威力を確認し、自然現象に見せ
かけた知られざる三回目の戦争は起されて、
情報通信サービスをいち早く確立したアメリカの勝利のように推測されたこの三
回目の情報戦争は読みを誤り、
中国共産党が開発した天体クラウド型の情報集積システムを二〇二〇年三月に打
ち上げ成功したことによって、全ての真実は一瞬で返されて、
圧倒的な信号解析を、聞くも恐ろしい成りあがって勢いづいたシナに奪われて、
信じられないことにこれからこの【日本】という国土を、
小さな小さな綻《ほころ》びが、アルタイルと呼ぶ卑しい強欲な者たちに奪われゆく始まり
の時を告げているのです。

もう先発隊は山林や、繁華街の寂れて譲渡のうまくいっていない土地や建物を
買い漁り、日本地図を広げてみれば、もうどこの国の持ち物なのか、日本の国土

は、日本の企業は一体どこの誰のものなのか？

領空に至っていえば、太平洋戦争の終結の時、国民と領土だけは取り上げないで欲しいと言った昭和天皇に敬意を表して扱いを別にしてはもらえたものの、その上空は、どんなに日本人が桜を愛《め》でて雲の流れを見て風を感じようと、アマテラスと思い太陽を拝んで見上げても、この領土の上はアメリカで、だからどんなに電磁波が強かろうとそれを規制する法律は作れないし、アメリカの許可なしに飛行機の離発着の状態や、飛行ルートすら決定権はないし、あれだけ5Gの電波が恐ろしいミリ波と呼ばれる通信用ではない軍事兵器として使われているものだと騒いでも、政府は一向にその議論さえしないのです。

これから海の領域は、二百カイリという国土を水上に広げた領域を、中国、韓国と取り合って巡視船で巡回し守っている中、この三月からハッキリわかってくることは、台湾が中国共産党の支配下に置かれ、市民権争いを始めたように、石垣島や南西諸島の漁師さんたちは、実行支配を強め『海警法』により武力行使を始める中国艦隊に従わなければ、拿捕《だほ》されて人質となり、人命を懸けた交渉を日本は迫られてゆくことになってゆく…。

これが予期せぬ事態となって、

以後、アメリカは自国の立場を維持することに固執し始めるため、沖縄などのアメリカの駐軍は少しずつ撤退を始め、鉄壁を崩された本土までそれを起こし、難儀を背負わされてゆくことになり始めるのです。

今アメリカが日本という荷物を下ろし、傘を閉じ、アジアの脅威に威嚇し続けていたことが、どんな意味を持っていたのか考えてみてください。

静かに音をさせず、侵略してきた悪党を、もう追い返すこともできないくらい、日本という國は落ちぶれて、裂けて粉々になってゆく運命を見届けなくてはならなくなっているという事を《自分事》として受け入れなくてはならない時。

ここからが試練の始まりであり…

と、まさかそのように絶望感を持たせつつ締めくくるなど、悪意ある謀りごとに気づかないまま、どうして一体なぜ全てを終わらせることができましょう。

今まで二千七百年という長い年月その【國體】は維持されて、帝王の君臨し支配する国としては存在せず、『民々の意識によって表される、導きついたものである』ということを知らしめて、日本という國がここに存在していることを分からなくてはなりません。

一厘の、救い賜う依りどころ。
【あじまりかん】の本当の威力を存分にして試し使い興させる、次なる進化。
三次元の物質化した情報をすり抜ける、
六次元密度の顕われた地球の真実。
これこそが、弥勒の世。
これこそが探し求めたシャンバラの世界。
現実として現れて、今もう既に次元移行のスリットを抜ける時。

歩み急ぎ、今、ここ、知るべき。
足をつきて、手を合わせ
天と地と一体となる
内《なか》にある深々としたひとつの妙理。
備えありて安寧を生む。
足をつき手を合わせ、
【あじまりかん】と唱えれば、
道を繋ぎ、人として在る
今この抱える妙理こそ真理なり。
真理とは、宇宙を表すまことことわり。
究極は、【あじまりかん】により顕われます。

たった一言、【あじまりかん】とは何なのか？
謎に包まれ、多くの神道研究家により特別な真言とまでは解ったものの、この真言の本当の意味までは知られることはございません。
なぜならば、霊力のある呪文ゆえ、その発する魂の在りようや、扱える魂に制限があるからなのです。
日本人なら全ての者が使う事ができるとも限りませんし、日本人でなくても【理《ことわり》】が解り、真実を受け入れ、静かに意識を尊厳のあるものと解り存在している他民族、
日本人として生まれ出でてはいない者であっても、この日本の精神世界への憧れを持ち、閃いて生きている者。
【多様に無用】という、
本来【神】とは、自らの内に在る真核こそが魂という意識である、としっかりと自覚し、抗う事なく受け入れて、
坦々と日常を生き、楽しんで発揮良くしていれば、
《在る》という性質世界から安寧は生み繋がり、心の平和は訪れて、
燦燦《さんさん》と光あり、いい気分で明るく過ごすだけで、本当に与えられるのです。

阿修羅の怒りは、
自分の事を神が内在している存在を疑って、
迷い、苦しみ、

「どうせこうなる」

「なぜ、良くならない」

いちいち何かにつまずいて、

「もうどうせ自分なんか」と思った時に、

《あぁ、そうか、お前は神ではないんだな。だったら、そうなって分かるようにしてやろう》

と、卑しく成りを下げさせられて、

「あぁ、やっぱりこんなことはダメだ。考えを改めよう」

次に新しい気分になって、何かの種を蒔《ま》いたとして、その種から芽が出ても、カマイタチのその鎌で、根から切り捨てられて本葉が出る事はないようにおとしめるのです。

少しばかり苦労が続き、腐った心で過ごしても、状況が変わって何とか凌《しの》いでゆけたのは、明るい光の渦が巻き、地球を丸ごと癒していたフォトンベルトの中にいたからできたのです。

地球の利権を争った二大勢力は、

【悪一元】がもう既に巣を作り、得意の組織化をしてゆくことで、完璧に支配圏を広げ、宗教による戦争を続け、侵略を繰り返し、

その意識を丸のみにして、民主化、資本主義を旗印にし、勢力を巨大化させていったのに対し、相反する勢力は、またも立ちふさがる同じ悪意を使う者。

本当は遥《はる》か昔、この地球が誕生した少し後に入植した、卑しい低級生命体。

本来地球とは、【愛一元】の精霊と人型の美しい霊波動の棲み処であったところ。

このフォトンベルトと言われた光の帯のことは、たいてい何か大きな力が干渉し、例えば、格上の神々たちが、人をやさしく癒し導くために力を与えたと言われたり、大きな母船が地球の周りを周回し、エネルギー波を送っていたからなど、ありもしない空想を言ったりしているようですが、実は、宇宙の中の地球という

惑星も、その地球に住まう意識を発する全ての生きとし生ける生命体たち、動物植物はもちろんのこと、土の中の十壌菌や微生物、空気中を浮遊するカビの胞子やウイルスや、水中のプランクトンに至るまで、大きな大きな宇宙の周期にあずかり、日を照らし、雨土に浸み川面を下り海となり、命はぐくみ無に還す。

そういう連鎖する意識の淀みが完璧に作用して人が病を治すように、力を使い熱を出し、自然治癒を起こす瞑眩反応が大規模に起こされているのが、そのような大きな力となって地球全体のエネルギーの密度が高まった状態のことを言っていて、これにより、自然の摂理に逆らう人間の欲があぶりだされ、これから熱や咳や下痢をして体外へ出すように、悪氣は排除されてゆく段階のところまで来ているのです。

地球は長い長い年月を費やし、今はもう宇宙の秩序の外にあり、管理され監視される卑しい低い者の棲む惑星《ほし》へとなり変わり、それがもう、地球ごと無きものへしてしまおうとするところまで悪の限りを尽くし切り、救う手立ての無い状態は、

自然の摂理、宇宙の絶対的なエネルギーの真実を使いそれを消滅に向かわせるた

め、
地球自体を、おおよそ二十年の歳月をかけ浄化し、磁力が強められ磁気波を高次元へと高められたことにより、最高の条件へと変化させて、
今まで棲息していた人間の棲み替えの準備とし、
アトラス界と言って呼んでいる宇宙の根源に、愛一元でつながれた大いなる導きつけた意識体たちを、天津天界からの使者として送り込み、
神道の流れを汲む【真言】を預け、
新たなる時の幕開きを告げさせていたのです。

《障りなく、自然体でいる事》
今後この地球に棲息できる人類の最低条件です。
時は待ってくれません。あなた方に本当の《**愛**》を分からせるため、
卑しさを取り除き、道を知り、
仕掛けの中にある、今の現状に気づき、
なぜそうなったのかを完全に理解してゆかなくてはなりません。

落ち着いて本を閉じ、
ゆっくりと息を吐き、
目を閉じて、今までお伝えした事の全貌を
少しゆっくり考えてみてください。

あなたの心の中にあった卑しいものが、なぜ創られたのかなど
そんなこと、もうどうでもいいのです。
あらゆるこの地球上での出来事は、はっきり言ってホログラム。
時間の経過とともに実はもう在りもしない、実体のないもの。
在るのは、今、ここ、この一瞬。

か弱き人間と思わされ、繋がり絶たれ、真実を分からぬまんま
悪魔の創った悪一元の、真実とは全く違うＡＩの作る情報に惑わされ、

天界と似たお知らしめを伝え、教義と信じ込まされ乗っ取られた、互いを敵視し
自分すら疑って生きる周波数域に棲息するのか？

真実を解り、天津天界と自分とは混然一体のものと知り、
感覚的に神経を意識して使い、
智蔵《ちくら》という叡智に繋がり、最高の真言を受け取り、
自らの行動を思考により起さずとも、
多様に無用、お蔭様は働いて、
《在る》という性質世界、天の恵みというべきか、棚からぼた餅《もち》のように、以心伝心。
《すいすい　楽々　あじまりかん》
見たいもの、感じたいもの、現わしたいもの、
時間の待合い短くし、既に創られ訪れる。
【弥勒】と呼ばれ、
憂いなく進化し生きる棲息域。

高い振動数の観る世界。

たったひとつの地球上に、同じところに棲息しながら、次元上の意識の移行、魂の浄化により、振動する素粒子の密度を高め運動を加速化すれば、条件反射でイオンが放出され、磁気を高めた状態となり、今この三次元の内側から、四次元の時間次空を搦めとり、意識体となり同調する五次元界、六次元界へと移行します。

五次元界は少し時間の残る、不霊という人の意識が干渉し、生霊などによる侵害がある世界。

迷いをなくし信念を持てば通過します。

新たな知性集団の最終的な拠りどころとなる六次元界。

導き顕われた神格を通し、全ての者と道を隔て、魂の本領発揮となる世界。

【弥勒】とは、神の世界が実際に現れ共存する最高の状態。
御成りとなった人珠《ひとたま》の真管を通し、拡がった磁力線の内側全てが、《在る》という性質世界。
いつもアトラス界に取り囲まれ、見える世界は変わるのです。

【あじまりかん】とは、アトラス界と直接つながる電話のようなもの。
成りを変え、アトラス界と直接的な強い繋がりを魂につけ、ハトホルやこの一磁進のような光の集合意識からの本当の導きを受け、覚醒を興すための指導をつけて、
浄化によってまずは、全ての過去にまつわる因縁を生みつけて残っている嫌な感情をエネルギーとして質量により手放し、
光としての性質を強く維持させてゆく意識を育て、
矍鑠《かくしゃく》とした高潔な自信を生みつけて、自分という内なる真理へ到達してゆきます。
心軽く【あじまりかん】を唱えてゆくと、
阿修羅の怒りを解き放ち、慈愛によって導きつける。

【真理】という宇宙根源、
源こそが自分自身であることを完全として顕してゆく言霊呪文。
それこそが、魂の響き改め覚醒者となってゆく者しか使う事を許されず、
今この時、真実を知り、本領へと繋がりを持ち、
道を分けてゆくための【言霊】の最高の真実。
【あじまりかん】と一言言えば、アトラス界は自らの内に顕われて、
新しい浄化の済んだ大いなる力の元へ還されし、
憂いなき、愛と悠久の希望の証、進化した六次元の現われし密度へ次元を改めた
新生地球の真の住人となってゆく片道切符となっていたのです。

今ここに、この本を手に取り与えられしチャンス。
どうぞ逃しませんように。

大国主の詔　～日本人の霊性について～

あらゆる知的高等生命体達は、雄大なこの宇宙の『北斗の魂』と、高い知性は持ちながら低俗な行いに暮れる卑しい生命体『南斗の魂』と、その魂の起源とするところを大きく二つに分け棲息をしておる。

これは、外に広がる天文学を繰り広げる現実的視覚から捉えた宇宙の話ではなく、元にあるこの宇宙の根源となっている【意識の世界】、内面に存在する無量の世界の話であるということを理解したうえで、面白い、人間というものの現実的な世界は、このようにして創られているのだと読んでくれればよしといいたそう。

たまたまここへ生まれてきたのではなく、【日本】という、世界の中でも特別霊格の高い魂たちが、初めからこの地を目指し、そしてこの今、『進化』という目醒めを目的とし、生まれてきたんじゃという、強い意識を与えられ、現れたという真実に気づいてもらう話をしてしんぜよう。

わしはのう、出雲に降りて、日日《にちじつ》を布《し》き、内なる宇宙と外の宇宙を繋ぎおく大神なりて、アトラス界より顕われ参った大国主命のり。

危機として、今この日本、国益とあらましおきながら、にぎにぎしくも華やかに世界を席巻した時は既に終わったにもかかわらず、それをいつまでも続けられると今なお論じて、つがなく障り多き事を解らず、あまりにも利己的な者が政治の表に集まりおって、いよいよ【國體】そのものすら失う事になっていっておることにすら気づくことのない事になってしもうた。

國を譲り、大きな夢預けたアマテラス大神の力及ばず、

高い霊力の磨き怠り、忘れ去っていった日本の民に一言物申し、
もう新しい次元移行は終わり、既にこの地球には、物質として形あるものの表れは在るも、
その真管に通された磁気の量に値する、自身を囲む磁力の導線と、その肉体ではない御霊こそがエネルギー体として本領になり表れている、六次元の感覚的世界へと移り変わり、
目には見えぬ世界全てがこの地球上に顕されておると知らしめようぞ。
三次元の文字通り立体となる世界の他に、時間次空を関与させたもう一次元を足した四次元界までがこれまでの地球。
黄泉とされた霊界世界は七次元、八次元とし、この地球の中に重なり合って、意識というエネルギーとしての性質の、少し時間の干渉された生霊や、想念などの存在する五次元界、
新しい電話などに応用された通信網を伝う磁気信号や、頭で描いたイメージ信号、軽やかな心を創っている感情エネルギーの周波数域を超意識界とし、六次元として決まり改められた地球は進化し登場したのじゃ。

あらゆる全ての次元の中に棲息する意識を持った者達が、今この地球にすし詰め状態となって入ってきておる。
人間とは、肉体を持ち、五感だけを頼り、この時間次空の中、本当は宇宙には時間はないのを知らされず、棲みついておるから、直ぐに物事が表れて、今自分が何を想像したのか分かりやすうして、魂の磨き急がせておるんじゃ。
濁りの多い者《もん》は、今からとてつもない卑しい者が作って張った網の中で、勝手な言い分を情報として流し続け、それを疑いもせずに信じて生きる洗脳社会に入ってゆく者《もん》と、
正しい宇宙の真理、それは【愛一元】によって顕された現象の元となる叡智、それを自分の御霊へ移しあらわれたとわかり高い意識波動となってゆく魂と、
人間成りを改めて、洗脳を解き、奴隷解放から本当の意識体への目醒めを興す者と
大きくはこの三つに分けられてゆくようになっておること。

自然と振り分けられてゆく、磁気波の厚く張られた地球という究極の二元を顕し始めたこの世界の二つの入り口は現れて、
いまからどちらかに決めて、入ってゆかねばならんのじゃ。

同じ一対の目、一対の耳、手足、鼻と口を付け、
どこをどう見たとしても同じ人間の姿をしておって、見分ける事は難しい。
が、しかし、真核の違いは周波数という、
人間の意識がそれぞれに発するエネルギーとしての性質の違いが、
その集合体となっている素粒子間、量子としての実態を表す振動数によってなら
完璧に振り分けられるのじゃ。
よいか、よく聞き考えて、どちらにしようと思い込んでおったとしても、もう
この地球自体の磁気波は覚醒し騰がりきっておるから、この振動と同調すべく憂いを取り除き、自らを禊祓《みそぎ》うこと。
これは、この地球というものが、元々そういった禊祓いをしていって神格を高め、

自らの『あり方』により姿形を現わす惑星《ほし》であったからということなんじゃからのう。

堕ちた天使の誘惑で、このような弥勒の世界へ誘《いざな》う話が、もう全く違う方へ意識を向けさせられて、あられんことに目醒められる者《もん》も目醒め興せん状況じゃ。

今から話す事、情報操作など今に始まったことなどではない。

卑しい者達がどのように君臨し、今この世界ひとつを束ね牛耳ってゆき、ついにアトラス界の仕掛けにまで手を掛けて、宇宙の秩序の崩壊まで目論んでいったのか。

この世の終わり告げる時、神は何もしてくれぬまま終結をさせようなどと、一切思い疑ってはなりませんぞ。

天津天とは、皆想像するに、この空の向こうに光る星々の連なりを永遠に望み、広大なる無限の先に遂には到達するような、そんな世界を思い描いておるであろうが、広大な宇宙の先にある様々な惑星の中には、この地球と同じように、条件は違う環境ではあるが特別な意識の存在する惑星《ほし》も無数にあるということは、幻想でもなく実態として起こされておるとハッキリと云っておこう。

金星や、火星、月へと今この地球からも続々と探査へ向かい、レーダーや衛星写真などではなく、実際の進んだ技術でその惑星《ほし》の表面の砂や粉じんを持ち帰り、固定し映像を収め記録し、大気や水や物質として何か情報が得られないかと人工衛星を飛ばしておるが、

これは、この地球にまーだ、人類という者《もん》が現れる少し前の話しじゃ。

オリオン星団といって

はくちょう座デネブ、こと座ベガ、そしてわし座のアルタイル。

これは特別知られておるオリオン星団の中の夏の大三角形。

そして新たな地球磁気に降り立って、新人類として登場しておるのは、光の強く発揮の良い憂いなき魂『ベガ』の子供たち。

明るく発揮の良い、しかし落ち着きのない事が、特別な今の教育の現場におい

て大きな改革の一手ともなっておるんじゃ。
活き活きと心のまんま。
綺麗な光や、飛んでいる虫たちや鳥に心を奪われて、シューっと飛びつくように走り出したり、
いい子にしつけようと、言って聞かせたりしてもしっかり聞いてもおらず、落ち着きのうしておるから親は叱《しか》りつけるんじゃが、一向に反省なんかする様子もなく、
一体どうやってしつけてよいかわからん親や、小学校の先生たちは困惑しておる。
この子らの使命は、この地球の人類が作った様々な決まりごとを改めさせて、特性に応じた代わりのシステムを改めて作り直すために来たんじゃ。

この子らの少し前、
あんまりいいとは云えん役割なんじゃが…
大いなる源は、ありとあらゆる思考により強い弱いを表して、今の構造となった全ての要因を表へと炙り出し、地球に蔓延《はびこ》る悪を、大いなる知性集団によって引

きずり出していった時期があったんじゃ。
『アントルークス』や、『クライシスセントラル』という高等生命体たちのヒットした子供たちは、憂いのない高い知性を持ち、光の強さはさほどではないが、明るくて落ち着いた雰囲気で、美しい瑞々《みずみず》しい魂じゃから、子供の時はとても利発で賢うて、おおらかで、親は生まれた時から少し周りとも違うことから、将来を期待するくらい器量よし、大成すると思うんじゃ。

しかしこれが、幼稚園の集団や、学校教育などを受け始めるころ一変して変わりおる。

なぜなら、地球というところは特別波動が荒くて低いところなんでのう。

大きな声で叱りつけ、一緒に何かをさせることや、同じ家族や仲良しであっても『エンパス』といって、心を周波数で感じとり、波長によって感情が起こす波の振動を受け取りやすいもんじゃから、人の機嫌の良し悪し、特に憂いの感情、怒ったり泣いたりそういった元々持ち合わせておらん周波数域が苦しくて苦痛なもんじゃから、人と交流がどんどんできんようになってくるんじゃ。

だんだんと家から出んようになり、引きこもったり、中には苦しい感情の扱いができんから自傷行為や錯乱状態になる者《もん》も出てくる。

学校など集団生活においては、勉強は最初はせんでも賢いが、あとからシステム自体についてゆけんで、落ちこぼれてゆく子も多い。

周りと少～し雰囲気も違うのは、ちょっとやせ細った中性的な者《もん》も多いのがこの頃の子たちの特徴じゃ。

だから男女格差や、競争をなくしていったりするようになっていったじゃろう。

性差がなくなってもきておって、
一人間を、男か女かと決めつけられん真核を持ってもおる。

いじめの対象や、親からの虐待の被害者になっていく子も多くいて、
それは、社会の縮図として人々にあらゆる問題定義をしていたんじゃ。

親が子を殺し、いじめによりひどい場合は自死、殺害の被害に遭うこともあるくらい、
身を投げうって【光の集合意識】としてこの地球において人類進化のため、

社会秩序や、環境問題、人種差別や性差別、貧富の経済格差、教育格差、そういったピラミッド型の社会が作って見せず放置していた部分をはっきりと見せるようにして、

人間にこの地球の環境汚染や、政治の腐敗、教育の衰退、食のあり方、人間の尊厳を取り戻すよう、【愛】というものに本当に繋がってゆけるよう人類にしつけをしていった子たちが、一般的に『クリスタルチルドレン』といわれておる、今の三十代から十代半ばに多い高等生命体たちのヒットした魂なんじゃ。

もう次の仕掛けへと移り変わり、この子らの使命は放免となっており、今は好きな音楽や、ゲームや、絵や、アニメ、漫画などで【ここ、今、一瞬】を楽しんでいれば自然体となれ、活き活きとしてゆけるようになっており、最近の若い歌謡曲などを歌い人気のある者や、進んだ知性のための新しい職業のゲーマーや、プログラマーなど、楽しんで生きている者が増えてもきておる。

先の世代のこの『アントルークス』や、精霊としての性質の強い高等生命体たちのお蔭で、今のこの社会は、縦型の競争社会（トップダウンのお偉いもん勝ち

の構図）が少しずつ覆され、
今からのベースとなってゆく、お互いを尊重し理解し合う中で、『強い弱い』を、
『持ちつ持たれつの間柄』とする社会の構図が新たに認識されるようになって、
生きがいを求め職業を持ったり、
仕組みに頼らないあらゆる良いサービスを提供し、心地よい社会作りを行うため
の起点を作っていったんじゃ。

この時に地上に巻かれたように表現され、本当は地球の自浄作用により、地上
の生きとし生ける全ての生命体の活動が盛んに行われ、その地上生命体全てのエ
ネルギー値が騰がって振動数を上げておった時代を、皆も承知のアトラス界の命
の源、光の充満した磁気「フォトンベルト」に突入したと言っておった、二〇一
二年頃から昨年までの前後あっておよそ二十年の間の出来事なんじゃ。
感覚的に起こされる目醒めのサインはあらゆるところに現れて、
単純に美しい景色や、まばゆい太陽に心奪われるよう気分が良くなったり、
神社参拝に出かけ、神の意識と同調してみたくなったり、

美しい星空に、まだ見ぬ神秘の訪れを意味する宇宙人や、ＵＦＯへ意識を向けてみたり…、そうしていくうちに、こういった新しい次元移行の様々な情報に繋がってゆくようになっていったんじゃ。

これから始まる宇宙の秩序を取り戻す最後の大いなる仕掛けが、もう始まっておって、あと七十年程で完璧に成されてゆく予定なんじゃからのう。

なぜ今お前さん方が目醒めを意識し始めて、またこのような知性集団の発している情報に繋がって、【成り】という人間の進化の意味を知り、そこへ挑み、最終的は、こたび最後の輪廻《りんね》をとおし、真核を顕し、生きている間にもうやがて現れてくるこの地球上にこさえられる【弥勒の世】の住人となり、その肉体を脱ぎ昇華する先は、神界の中にあつらえられ進めてゆく【レムリアの民】のゆく処。

神界の中の『アルテミス界』という、高等生命体たちの高い振動数の中にあり、ひときわ光強い十五次元の新生レムリアンの意識帯域へと入ってゆくためなんじやからのぅ。
人間には二通り。
あまりこう云ってしまうと、ほら穴の住人たちは、
「同じ人間に先に価値付けされているなんぞ信じられるもんか！　嘘つきめ！」
と腹を立てて食らいついてきそうじゃが、これは本当の話なんじゃ。
そもそも、この地球上に何十億年も人間以外の生き物が蔓延《はびこ》っておるのに、どうしたことか、このことには本気になってなぜなのか？　を追求し、明かした学者はおらんからのう。
どうして人間だけが二足歩行で道具を使い、頭のイメージで『あればよい』と思うもの全てを作り出し、
こうした文明の中、進化し強い立場で生きておるのかということじゃが、
どうじゃ、面白い話をしてやりたいが、
この話をどのようにとって理解してもかまわんが、
落ち着いて、今の現代に起されていることをしっかりと頭の中においた状態で読

み進めてゆくと、面白い真実が読み解けて、
どうしてこの地球が人間によって汚染され、危機に瀕し、
そしてまた、日本という国の、内に秘めた確かな品格は、どうして世界を魅了しているのに、この力が発揮できないようになっているのか？
そういったことも含め、
堕ちた天使の誘惑により、こういった情報は乗っ取られ、宗教と同じく、人間の洗脳支配の道具ともはや化していることにも言及し、話をしてしんぜますかのう。

陥った『事の始まり』の時から、もうこうなってゆくことは分かりきっておった。

障りなく、この真言ができるだけ多くの日本に息づく者の目に触れてくれることを願い、お伝え申す。

アダムスキー型、葉巻型、茶筒型。
今はもう未確認などではのうて、あちこちで「見えた」「見つけた」などと言

って、ほくほくとした心地で未来の新たなる幕開き間近と期待し喜んで、いつか行ってみたいと思っておった月への旅行にも、もう参加者を募り始め、本格的な宇宙時代の到来を喜んでおるんじゃがのう。

これを云ってしまったら、大国主《おおくにぬし》は反対に希望を失わせる話しかせんと思われるかもしれんのう。

しかし反対に『希望を失わせておるのはお前さんがたの方じゃ』と、苦言を呈し、この話はせねばいかんのう。

この宇宙の拡がった遠く遠く、もっと先の方までいけば、大いなる源があって、わしら神々がおるなんて、
まさかこの話、一磁進界の真言について学んどる者《もん》の中にはおるはずはないと思うが、
一般に人間の思想として、大いなる全ての源は、そうして今自分の見ている世界の中で大空を見上げ、たくさんの星をすり抜け、
満天の宇宙の最高峰に光の渦が現れて、それこそが『神』と崇める光放つ場所が

あって、
そうして、宇宙にはこの地球に人類が存在しているように、高い知能で素晴らしい進化を遂げた異星人たちが存在していると信じておるじゃろう？
その進化を遂げた異星人たちは、アメリカのエリア51などに捕虜のように捕まって、人間の進化発展のためテクノロジーを提供し、異星人との混血を造ったりして、
今から発表されてゆくことになると何かの情報で知っていると、流されていることも鵜呑《うの》みにしておるじゃろうが、
いい加減な情報に左右され、意識を操作されぬようにはっきりと云っておくが、己の身代の中に、『在る』というこの宇宙根源の源と全く同じものを入れ、本陣は振動するエネルギーじゃと知っておってもなお、
この外側で繰り広げられておる、本物ではない世界の中の、卑しい集合意識が洗脳操作のため作り出した情報により表された世界観を、単純に確かめるだけにとどまらず、本物と信じ込み、見せられたのならば、それは低い周波数の卑しい低級生命体たちのことじゃ。

よーく考えてみなされや。

アインシュタインが導きつけて、

今その現象自体がすべて意識により創られている幻想に過ぎず、時間も空間もないその瞬間の意識しか存在せぬといって証明までしておるこの時代に、「大馬鹿もんが！」と云ってやらねばなりませんのぅ。

天体宇宙であっても、異星人であっても、それは実態として三次元の密度の中に現れているとすれば、その程度のものなんじゃ。

よいかのう、

わしらが何故この世に顕われ、お前さんがたに釘を刺し、卑しさを捨てよ、心を磨きなされと云っておるのか。

宇宙とは、外に拡がりを持って創造された、できた後の現象のことを云っているのではありませんのじゃ。

その手前、宇宙とは、本来この振動しておる『気分』というものを創っておる胸の内側、これのことを云っておるんじゃ。

宇宙人？　おりますぞ。
しかしのう、天体宇宙におるものを指して云っておるんではない。
『意識』といって、落ち着いて思考という雑念のない静かな心、
それをまず顕して、心の内側にスーッと染み入るように入ってゆくようになると、
きっと本当の意識体として成熟し、洗練された光の強い信号と繋がり始めるじゃろう。
アシュタールや、プレアデス、シリウスやアルクトゥルス、振動数が高いゆえこの三次元では通常普通のもんには見えんのじゃ。
しかし、憂いをなくし神格高くなれば、意識を通じ毎日いつでも交信できるんじゃ。

卑しく人を蔑《さげす》んで、意識を洗脳し、不安と恐怖を与え、
そうして『無力さ』を植え付けて、悪意あってそれをしている者たちがいる。
大いなるこの宇宙の最高の愛一元の中、低くして『無いもある』という性質も持ち、憂いなき神界の中の天使界には、悪一元に繋がり創る悪魔の真核を扱い治

める次空もあってのう、
扉を開けて言いなりとなり堕ちゆく者たちに、卑しい破廉恥《はれんち》な聖職者や、王家の者が意識の薄いか弱き者《もん》たちを生贄《いけにえ》にしたり、手下にし、金欲や性欲を満たさせて穢し、
大いなる愛一元の宇宙を凌駕するほどに、悪一元の意識世界を拡げ、
宇宙の意識と呼ばれるアカシックレコードのように、情報集積するビッグデータを一括化して全てを掌握し、信号ひとつで意識操作も可能となり、
この大いなる源が象顕（現象化）する現象化する仕組み自体も、アメリカによる超電離システムは音波の解読により、
この神界と三次元を融合させる日本の古神道に由来する祝詞の信号までも奪い取り実用化し、時をまたぎ、次元次空を操る術《すべ》も持ってしまったことで、あらゆる森羅万象の起源の崩壊を予期する、**『悪一元の究極』**が完成されたことは知られてはおらん。

同じ人間でありながら、『人間に二通りある』と先に云っておいた、

その突き詰めた先は、今のこの地球上に現れ、人間を造り、奴隷と支配者の関係にある者らの元の種と、
大いなる導きに預かり、今このように真言として新たなる地球進化の時を知り、安寧を生きてゆくための仕掛けに入ってゆく魂と、
この二つの種族のことを云っておったのじゃ。
その始まりの時をさかのぼり、人類の誕生のすべてを知らしめますぞ。

オリオン星団の話を元に戻すんじゃが、
いい魂として今この地球へ入植している小学生くらいの子供さんらが、発揮良く強い光の『ベガ』から来ておると話したが、オリオン星団は特別光強いだけではのうて、星の研究のための観測にふさわしい、古い消滅した星や、今から生まれてくる星が集まった大星雲を形成しておって、とても未知なる素晴らしい星の宝庫の様なもんでのう。
しかしながら、そういった複雑な一面に値するかのように、消滅する星の中に、アルタイルという原初の星団の一つでもある、卑しくも極悪非道の意識生命体た

ちによって崩壊し、暗躍し、他の星に侵害を加え続ける野蛮な意識生命体たちがおってのう、

このアルタイルを監視し取り締まってゆくために『宇宙連合軍』という、アルタイルに侵され崩壊させられてしまった金星の種族アシュタールや、宇宙戦争で敵対し痛手を負ってしまったベガや、シリウス、アルクトゥルスによって艦隊を組み、それを統括するプレアデス、たくさんの知性たちによって侵略の手を阻み、必死に抑え込んでおったんじゃが、

そんな中、あるひとつの作戦を投じ、実行するんじゃ。

ニビルという、地球より少し大きなその星は、あまり知られておらんと思うが、この次元次空の表側ではなく、多層多重構造のこの宇宙次元の奥に隠しておるんじゃが、

そのニビルという星ひとつを刑務所のような流刑地としてあつらえて、アルタイルをそこへ収監し、管理をすべく準備を始めたんじゃ。

しかしながら、なんとも磁気の弱い低い波動しか出せん星じゃったもんで、地球でいうところの磁力が弱く、バリアが張れんのをなんとかしようといくつも

の信号塔から、金属によるイオンを使いバリアの代わりとして張ってゆくことになり、
純度の高い金のイオンバリアを張るために、様々な処から集めて供給するが間に合わん。

まーだ、人類も誕生せん、新しい出来立ての惑星《ほし》の地球に、豊富な海水があることに目を付け、その探査のために降り立ったのが、宇宙連合艦隊の最高司令塔であり、銀河惑星連合軍の中のリーダー的存在でもあったシリウスの知性『エンリル』なんじゃ。

そうしてエンリルとそのしもべたちは、ある方法によって金を作り供給することになった。

海水中のミネラルや重金属は振動による物質結合を起こし、黄金水となり、そこから金のみを取り出してゆく。

これを後に金を練り出すと書く『錬金術』という言葉の語源ともなり、無から有を顕す言葉として使われるようになったんじゃ。

荒い信号波ではあったが、ニビルに安全に永続的な金の供給もでき、シリウスの知性団たちは地球に使命として現れはしたものの、後にプレアデスのイシスやオシリスたちも入植し、ひとつの文明を開いていったんじゃ。

オーストラリアから南アメリカ、日本列島が取り囲む大海の中央に、もう今ではすっかり痕跡も残さず消失してしまっておるが、大きな信号塔を建て、進化した知性たちの棲み処となったのは、ムー大陸という場所で、そこに開かれた文明は、西洋でいえばギリシャやアテネのような優雅な雰囲気を持ち合わせ、意識体としては知性の高いシリウスとプレアデスの友愛により、憂いなき智慧《ちえ》の集まる地球の最初の人類は誕生し、『半身半霊体』の祖となる集合意識が栄えたいい時代、『レムリア』という超感覚的文明は現れたんじゃ。

そんな風に安全に安定的に金の供給ができたとはいっても、それくらいでは、荒い磁力に抗って、卑しいアルタイルは低くても知能においては素晴らしいからのう、そんなもんは簡単に突破して一向に始末におえん状態は続き、また、兄のエンリルの指揮に従い金の輸送にあたっておった弟にあたるエンキたちは、いつまで経っても解決しない金の供給は、いっそのこと、錬金術で時間をかけ少しずつを毎回供給しなくても、地球に元々眠っている金の鉱脈を掘り当てて掘削してゆけばよいと企み、簡単にして地球を傷つけ崩壊させる掘削による金の採掘を始めてゆくようになってゆき、どんどん勢力を強めてゆき、兄のレムリア文明のシリウスの知性によってもたらされたテクノロジーも融合させたアトランティス文明と後に知られる『アトランティス帝国文明』を創りあげてゆくことになってゆくんじゃ。

しかしのう、今でもそれはほとんど変わっておらんが、金の採掘における身体的、精神的苦痛は、エンキのしもべたちにとって不満を募らせ放棄する者たちも次第に出てきてのう、それを圧力によって縛り付け強制させていったことで内乱が起こってしまったんじゃ。

兄のエンリルは、これにひどく憤慨し、弟エンキを追放することになってのう。この一連の事が発端となり、荒ぶるエンキが兄のエンリルに対し陰湿な反撃をしてゆくようになっていったんじゃ。

弟のエンキは、この地球上に自分の大きな文明ももたらし、王としてひとつの帝国を創っておった時から、この地球上で物質化した自分の姿が、少し兄のエンリルと違っていたことにも不満があってのう。

このことは、兄のエンリルと共に進化した知性であり、この地球に最初に入植したプレアデスの女神イシスも気づいておってのう、同じ兄弟でありながら、そうなっておったのに元々何か別の因子が入っておるのは、

王位継承にまつわる意思があり、二人の父であるアヌがあえてそれを行ったのではないかともいわれておるが、意識体として高次元域で光波動であればこそ、その本当の状態の格付けが現れにくいよってわからんもんが、この地球という惑星《ほし》は、不可思議に状態を現す物質となる世界じゃから、兄のエンリルは、姿として現れるには現れるが、それは発光する人型の状態で発揮良く、真管通り円放射しており、同じエンリルと共に降り立った者たちもみなそういった姿で現れており、

奇妙なことに、弟のエンキは母の卑しい生命体の遺伝子を色濃く映し、半身は人型の肉体を持ち、頭かしっぽのどちらかに爬虫類が現れるという、特異な状態をこの地球で現わしておったんじゃ。

進化していれば、この地球上にあっては美しい発光体として、ヒューマノイドという、頭ひとつ、胴体に手足、一対の目、耳、手、足、鼻と口を持ったものこそが現わす姿となり、

卑しさが表すものは、光の強さだけではなく、その姿も奇妙に現されているのがこの地球の特質的自然現象ならば、イシスは、これだけ苦労をし、金を作り供給し、ニビルを監視するくらいなら、いっそこの地球自体にアルタイルや、宇宙の中の進化の遅れた他の生命体達を迎え入れ、心を磨かせ、教育をしてゆけばいいのではないかと思いつき、途中からニビルを諦め、進んだ知性（シリウスやプレアデス）たちの文明によって人類は始まり、

その知性たちの計らいで卑しい者たちを矯正してゆく、**『教義を持たせた改められた地球』**は今のこの次元移行の時に至るまで続いておったということなんじゃ。

アトランティス文明は、非常に進んだテクノロジーを持ち、地球において過去に類を見ぬほど宇宙工学にも優れた進化もしておって、制限のあるこの地球上で空中都市まで造っておったんじゃ。

弟エンキは、自分の姿が兄とまったくこの地球上で異なって、卑しい口を広げ、尾っぽまで出して何故こんな奇妙な身体になるのか、

兄の遺伝子を自分の妻や娘に掛け合わせ、次第に形を人間という頭に胴体、一対の目、耳、手、足、真ん中には鼻と口の原型を、人の先端のテクノロジーとして完成させていったんじゃ。

卑しい成りでいくら心を磨かせても一向に改心しない低級生命体も、こうなってゆくと憂いも解かれ、魂を磨くようになるのではと、イシスもこの遺伝子操作に加わって、鷲《わし》のような頭を持ったアルタイルに人を掛け合わせ、造ったのがヤインタル、金の採掘のための重労働に耐えるよう大型の人間も造られて、恐竜と人を掛け合わせたものはネフィリム。

特別なのは、監視するための貴重な役割に、自分の意識を強く受け継ぎ、

反抗する者を一切許さない強い陰核を持たせ、その姿は兄のエンリルの姿そのものという支配層に値させたのが、王室を繋いでいるレプトゥリアンという事なんじゃ。

アッカド文明でシュメール人として知性ある人間が残したとされる石板に記されておるのは、この話とほとんどが真逆のことじゃが、兄に嫉妬し弟がしてきたことは、「問題ばかり起す暴君の兄を追放し、その兄が復讐するために自分の妻や我が娘を犯し、あちらこちらで破廉恥極まりなく、進んだ知的生命体の協力のもと兄と戦い、兄がレムリア文明を興しておったムー大陸の消滅へと繋がり、自分らのアトランティスを守った」というような条りじゃ。

真実はこうじゃ。

同じ進化した星団であったシリウス、アンテギウス、アルデバラン、ベガなどオリオン星団は宇宙の始まりから続く古い星。

原種の宇宙とでもいっておこう。

栄えある憂いなき進化した星もあるが、未熟な卑しい者もおって、それがベテルギウスや、アルタイルに棲息しておった。

宇宙の秩序を乱す者を取り締まるため、銀河連合、太陽系惑星連合という宇宙連合軍が艦隊を組み、それらを干渉するようになったんじゃ。

恐れ知らずの無法者たちを野放しにするわけにもいかぬから、星ひとつを流刑地にしようと計画するが、思わぬところでいい手が見つかった。

それは地球の三次元という時間をかけて物質となってゆくという仕掛けじゃ。荒く低い振動エネルギーなら、光で探さなくとも形になったときはっきりと姿として違いが現れる。

真核高まれば、美しいヒューマノイドという今の人間の姿で光放っておる。

エジプトの神殿や遺跡に登場する女神イシスは、愛と友愛の象徴とされ、美しい姿をしておって、オシリスと共に栄えある文明を創った宇宙から訪れた神とされておるが、この地球の最初の原種の光ある人類の始祖でもあるんじゃ。

エンリルというシリウスの高等生命体と共に地球人類の人珠《ひとたま》は、半霊体の遺伝子を持ち、縄文や、アイヌ、琉球王国、インダス、内モンゴルの一部の種族、アメリカ南西部に棲息していたインディアンの部族、オーストラリアアボリジニ、ニュージーランド、パプアニューギニア、ハワイ諸島、チベットなどの信仰篤き民族の集合意識として、『レムリアンシード』として生きぬいており、
本陣を源に繋ぎ、落ち着いていれば弥勒に入る魂なんじゃ。

人間には二通りあると云っておる確たる人類の起源はのう、この最初に地球探査のため訪れた、宇宙連合軍の司令塔であり、高等生命体達の中で最も進化した意識体たちのリーダーであったアヌ王の息子、後にアヌンナキと呼ばれる、人類の崇める神の存在は、元はこの兄であり『北斗七星の力を持ったエンリル』を指しており、ムー・レムリアの霊格高い進化した古代宇宙文明を開いた始祖が半霊体なんじゃ。

それに反旗を翻《ひるがえ》し、「南斗六星の力をもったアヌンナキ」と自ら名乗り、意識体としてではのうて、侵略と破壊を繰り返し、兄を貶《おとし》め地球最初の帝国を創り王となり君臨し、自らの遺伝子の『意識』は強く残し、姿を人型へと造り変え、支配者として、地球王として栄え続けさせるためおいているのが王室に由来する

レプトゥリアン。

悪魔と手を組み、人間化した悪魔ドラコニアンと共にこの世界全てを掌握して手を掛けている者たち。


素直な心でお聞きなされや。

意識を操作され続け、神格をはっきりと持たぬというつもりではないがのう。半獣の手下として、しもべとして従順に従い、初めから自分を神だと思わすことがないように、『神は天に居り、自分とは非力で叶わず、心も穢れ罪を持って生まれた』と言いくるめ、宗教による戦争を起させ、侵略し奪い取り、国として勢力を高めておる所、アジアやアフリカや中南米などの有色人種を毛嫌いし排斥しようとする者。

なぜ、異質を排除することに極端にこだわるのか？

ここまでの話を重ね合わせ、吟味してみなされ。

『恐れ』、恐れというものを植え付けて支配従属の関係を作り、

恐れは疑いを生み、
疑いは不安をつくり、
不安は非力となり、
非力は消滅をつくる。
人間の素に恐れを植え付け、恐れ知らずの悪意（悪魔）が支配しておる。
『半獣』とは恐れ抱く者。
アメリカや、ヨーロッパを見ておると野蛮な方が正統を掲げ、徒党を組み、数を力にしておる。
人間の尊厳をイエスが現れ伝えたものは、その弟子により歪曲され、新約聖書は、理想の支配による社会を健全を名目につくる掟のようなものじゃ。
罪深き子羊たちよ、
か弱き子羊たちよ、
迷える子羊たちよ、
『誓い与え、強くあれ』と、『心を律し高くあれ』と、どうして諭しておらぬのか？

何を恐れておるのかのう。

弱き者を洗脳し、従属させるその成り立ちは、最初からそのように現すように創られて、二通りの真核は顕われておるんじゃ。


太平洋戦争はなぜ起されたのか？

今ではもうその真実を追求することすらないかもしれんが、日本が大日本帝国として敵を攻撃したのではない。

アジアや、東南アジアの島国が植民地となり、侵略され、多くの者が奴隷となって働かされておったから、人道的な指揮を取らせるため日本の統治下に置いたのを、奪い返すよう起こされたんじゃ。

世の終わりともなった終戦は、原子爆弾を日本に二つ投下して、完全に日本側が降伏せねばならなくなってしもうたが、
降伏する代わりに植民地にだけはならせてはならぬと、昭和天皇は、マッカーサーと密談を交わし、保障条約を結んだのが、**『日本』という國を維持する権利**じゃ。

アメリカやイギリスを侵害せず、今後アメリカの同盟国となることで、日本国

民と、国土だけは侵害せぬという事を約束してもらうことが出来たんじゃ。

寛容にして、支配されても、日米の間に敵対心を持たぬのが約束じゃから、原爆でどれだけの人民が犠牲になろうと、平和を維持できるなら仕方がないと堪《こら》えておかねばならん。

沖縄に米軍の施設を拡張し造ろうと反対はでけん。

国は言う通りに推し進めねば、実態としての『日本』という國は保障されんのじゃ。

義理堅く、いつまでもそれを続けておった。

それが今の島国『日本』じゃ。

言いたいけれど言う事は出来ん。

アメリカとの間にある軋轢《あつれき》は、近隣諸国からの被害妄想に近い、強引な求めにも対抗することもできなくなるくらい、すっかり気概を失わされてしもうて、日本の敗戦によって、アメリカの、時の大統領はこうも言っておったのう。

「日本人は鬼畜だ。日本人ほど恐ろしく、しつこい人種はいない。

我らアメリカはその奇妙なうっとうしい血統の猿に勝った。

今後一切我らに敵意を向けぬよう、その息の根を止めてやる」

アメリカが百年かけて日本人の『種』というものを抹消してしまおうという、その計画の一部はよく知られておる3Sの政策じゃ。

スポーツに興じさせ、敵国へ向ける戦意喪失を図る。

シネマ、ショービジネスを普及させ娯楽を与え、一貫した天皇崇拝を空虚に変えさせ、信仰心を持たせぬようにする。

教育や躾を軽んじさせ、欲情を掻《か》き立てるポルノロマン、性産業を拡大させ公共衛生を崩壊させる。

ここまでして貶《おとし》めるその理由を、わしがお前さん方へ気づきとして奥秘信《おいしん》する最後の締めにして話して聞かせてやりましょうぞ。

及ばず日本は、大戦には敗してしもうたんじゃが、マッカーサー元師は、大きく日本を称えて、昭和天皇を格上の存在と敬意を表し、安全保障が取り付けられたんじゃ。

落とされた原子爆弾は広島と長崎。

大きな大戦の終結をするのならば、その中枢となる首都を普通は狙うはずが、空軍、海上の要塞という意味で二つの都市は重要ではあったが、なぜ初めに東京ではなかったのか？

知られざる本当の真意はここに隠されておるんじゃ。

天皇家に伝わる数々の伝統的神道の祭祀は、ほとんど今では安寧を繋ぐため五穀豊穣を繋ぐため、儀式としてしか繋いでおらぬ。
この日本という國は、二千六百年もの間、一国を支配する王や朝廷ではなく、飛鳥時代から布かれておる摂政関白に始まった、民衆が天皇に代わり政《まつりごと》を行う代理という制度を取り入れており、今、内閣府がそれにあたり指揮を執っておるが、
本来天皇とは、天津天の真管を繋ぎ置き、この地上に弥勒を顕し、氣を与え、豊穣を求め象顕させてゆくため存在し、
それは、宇宙根源とこの地球をエネルギーで繋ぎ、そこに集まり生まれ来る神格

高し魂に、人間ではない半霊の特質を失わせないようにしてゆくことが『使命』とし、現れた者が受け継いでいるものなんじゃ。

驕《おご》り高ぶる支配者ではのうて、それをするがための役割で天皇は生まれてくる。なぜじゃ？

エンリルという北斗の魂は、あまりに完璧すぎて、弟の南斗六星の力は、激しくそれを排除するため弾圧し、あらゆる手を尽くし根絶させようとする。どこまでも追いつめ、栄を奪うんじゃ。

この北斗の知性エンリルの、直系の子孫が、日本の天皇家にあたり、その叡智と繋がる儀式が古神道の祝詞奏上にある、天津天と繋がる祝詞言霊なんじゃ。

祝詞とは、単純に今神社で祈願やお祓いで唱えるようなものから、すめらくも、大神をおしなべておもんぱかること。

そして『無いを在るとし、在るを無いとする』。

現象は、内なるものにより映されてることが解っておれば、この云わんとする意味がわかるじゃろう。

すべてを自由自在に操ることのできる、特別なものを【日本】という國は握っておるという事なんじゃ。

仁王立ちした悪魔や、卑しくそそのかす堕天使が、意識をどんなに操作したとしても、人間の真核が初めから違う者《もん》には全く通用せんのじゃ。

だがのう、今、天皇の存在自体を、日本人自体がいるのいらんの話になって、陰核を傷つけ濁りの取れぬ者が、悪意あって流す情報に完全に洗脳されておって、みすぼらしゅう卑しく『成り』を下げさせられとることも解らんばかりか、他国の難儀を一生懸命担う、落ち着きのうなっておる。

日本人がどれだけ素晴らしく、この【日本】という國が特別で特異的なのか。

日本は世界中で憧れられ、称賛されるが、いざ、国どうし、外交や諸外国との交流の時、上手く意見を伝えられない、小馬鹿にされつま弾きとなる。

怖がられているのは『精神性』。

しかし日本人は、自分たちの肚《はら》の中や、その、今からの展開や、気配や様子を目で見て聞こえ確認するだけでなく、なんとなく言葉にし、態度にしておらんでも理解できるし、しようとするんじゃ。

新たな知性の入っている子供もそういったタイプが多いが、エンパスとはまた少し違ごうて、自然とテレパシーを使っておる。

欧米人が、挨拶する時、握手や抱擁し頰《ほお》をつけるのは、相手に対し敵意がないことをあえて確認するためじゃ。

「ハロー、ご機嫌いかが？」今度は言葉でも確認じゃ。

日本人は、自分に敵意がないなら相手も同じだとだいたい思う。口に出さずとも、内情や立場など、なんとなく醸し出すものをキャッチして解るから、相手もそうじゃと思っておる。

日本人同士なら、いちいち言わず解ることが、他の人種に理解されておらんのじゃ。

話がそれてしもうたが、

日本という國が、敗戦後にどうしてアメリカに帰属することなく、国土と国民が取りあげられることがなかったのか？

日本人が、植民地の奴隷にならなくてよかったのかと云った方が分かりやすいかのう。

あの戦争終結のやり口の酷さを今さら云うつもりはのうて、悪魔に従い、日本というアジアの有色人種が、日露戦争の大勝により世界を席巻し、台頭に躍り出て、その小さな島国が、大陸ひとつくらいの大きな国を倒しおったんじゃ。

アメリカにしてもイギリスにしてもそうじゃ。

同盟国として日本を引き入れたのは、アジア全域を我が国の手に入れるのに都合が良かったからで、始末をつけるに内側から攻め入るほうが得策じゃったんじゃからのう。

終戦に至った二つの原子力爆弾の投下は、本当は『三つ』用意されておったんじゃ。

最初に東京。空襲を起し、最後に壊滅させる計画で、核弾頭を積んだ戦闘機は東京上空を旋回しておった。

しかし、これがなんと行方不明となり、姿形なく突如として消えうせてしもうた……

東条英機は、時の総理大臣で、最高の指揮官としてこの大戦の策を練っておった。

真珠湾に奇襲攻撃をかけ、北斗の魂たちは、お國のため、最前線で自らが決死の覚悟で戦闘機に乗り込み、撃墜し、その気迫にアメリカは怖気づいておった。

この当時、ルーズベルトは、野山の至る所に隠れ潜み、異常なほどに殺気立った日本人の本当の怒り爆発した時の形相と意識にただならぬ恐れを抱き、日本人の執念、感情の起こす大きな覚悟。

甘く見ていては自分たちが破れると思い込み、

多くの街を焼き払い、核の力を実態として試したんじゃ。和平を日本は何度も申し出で、これ以上、お互いの国益を消滅させないようにと懇願していたにも拘らず。

ある確かな情報すじから、
日本に、開発を進めていた恐ろしい武器を持ち込み、試すつもりでいるという。もうそれは、東京を狙い準備を終え、こちらへ向かわせるつもりだと。監視してどうにかできる状態ではもうなく、これにより首都は壊滅し、全てが終わりとなってしまう、という話を聞くんじゃ。

及ばずもう万策尽きた時、東条英機は、時の昭和天皇へ【國體《こくたい》をあらましとする瓊瓊杵《ニニギ》の祝詞】を上げ続けて欲しいと願いでるのじゃ。
もう策は尽き、後は天にこの全てをゆだねるしかない、そういう事ではなく、もっと深いところでこの真言の強い効力、宇宙の根源へと繋がっている全てを包括する力へゆだね、高く激しい意識振動を理《ことわり》へと繋ぎ、あらましを興して欲しいということを願い出るんじゃ。

真言宗高野山、ここは、又別の意味で天と地を結ぶ、この宇宙に意識を繋ぐところ。

この真言宗に預けられし、『大祓いの祝詞』と同じような効力を持つ経がある。大阿闍梨《だいあじゃり》を招集し、この二つの大きな『言の葉の渦』を興し、人間の思考や、感覚では解ることのない、空を切り、次空を歪め、本気の祝詞奏上は、密室で三重に、四重に完全に包囲され守られて、数日間、寝食を取らずに行われたんじゃ。

黒い霧が立ち込め、帳《とばり》のように東京上空は覆われて、アメリカの戦闘機、数機が消えうせてしもうたんじゃ。

長いこと、こういったことを表に出し、つまりは、【日本】という國の、恐ろしくて強い力を国際的にも知らしめることはあまりにも残酷で、「魔の力を持って」と多くの国はひんしゅくするはずじゃ。

伝統的な祭りはおろか、君が代や、あらゆる日本に古来言い伝えられておった先人の智慧、伝統工芸、律して発揮良くさせていた教育にまで手を入れて、日本という國がこんな力があることを国民に知らしめることがないように、そうして、本当の霊格高い民族であり、他の民族とまったくもって違うという事が知られぬように、
卑しく蔑《さげす》み、非難し続け、日本人の心を侵し、みじめに自滅するようにと仕向けられていったんじゃ。
今なお、昭和天皇の戦後の批判的意見が多く、皇室のあり方自体を問われておって、公務自体も外国との交流にとどめ、本来の神事をさせてもらえぬのも、アメリカに決められた、国の安寧を保証する代わりに、全ての神事を執り行うことを止められておるからなんじゃ。

もうこの地球の利権争いの真実は理解してもらえたじゃろうか。

大国主の詔　～我、神成の意識なり～

かくして、今この二〇二一年、今日、本日は春分の日。
天津天の新たなる次元構造の移り変わってゆく起点となっておる。

己の内に神を入れ、
本陣を意識でつくり
真管に光通し
天と地と繋ぎ、
頭と尻に極点を表し
磁気を張り、

目醒め生き
【あじまりかん】をいつもいつも
いつ何時も唱えてゆくのじゃ。

人間の姿はあれど、『我、神成りの意識なり』。
目、鼻、口、手、頭、足、肉体に依存してはならん。
全て思うがままなるぞ。
天安河原、神は集い、ありありと意識の中に顕われて、
『意識すべて』。
己を洗い清めれば、救いの道は顕われる。
今この時に観るものは、先に己の弾いたものじゃ。
少しずつ思いどおりが顕われて、いかんせん密度を増し増し観せられるのじゃ。
良い事を言葉にし、良い習慣で発揮良く、音を消し、光波動で生きなされ。
幽界も精霊界も同じ次元に顕われ、魔のついた人間も多くなっておるから、
同じ意識へ同調してはならんことはわかりますのう。

人の成りではのうて、発するものを読みなされ。肚《はら》を隠すことはなく、自然と目の前に観せられますからのう。

神格を高くしておるゆえ、以下のことにお気をつけなされ。

異質なものは、頭のてっぺんから入ってはこぬ。

歪んだ胸の波形が起こす、幽郭《ゆうかく》（トーラス）のくぼみから乗り込んできて、障りを起こすのじゃ。

病などでお腹を開けて手術により臓器を取り出すということは、その、元々あったエネルギーを吸い取られたあとともいえるんじゃ。

金縛りなど気をつけておかねばなりませんぞ。

結界を張り、地縛霊や浮遊霊、卑しいものがその中へ入って来ぬようにしておくこと。

鐘や鈴を鳴らし、入り口などに釣り鐘などをぶら下げて、音叉などで空間の周波数を高く保つようにもすることが、これからもっと必要じゃ。

見えぬ世界に、悪魔の手下や、貧相な肉体の既に亡うなってしもうとるのに行く世界も見失った浮遊霊なんぞがウヨウヨ増えておるんじゃからのぅ。

太陽の光を部屋に入れ、空気の入れ換えをすることも大変重要じゃ。

隣り近所にも問題の多い家族などがおるなら、方位全てを結界で仕切り、絶対に開放することがないようにしておかねば、癌に侵される細胞のように進出し、遂には乗り込まれ、そのうち同じようなことが起こり始めるんじゃ。

良くも悪くも、もうこの地球自体の周波数が騰がったということは、頭の良し悪しや、地位や権力や、お金の有る無し（これは今のところ持ってないとしてもじゃ）、そんなもんは関係無い。

世話焼きで人の事に首を突っ込むような、親切と思わせる者《もん》や、正義感で良し悪しをつけ、悪の根絶に意識を向けておる者《もん》、
そういった表面上、良いとされておった者《もん》ほど、
『意識の顕われ』の進む地球の次空間では生きづらく、
簡単に今の心のあり方、状態に、見せる世界が現れるということじゃから、
三次元の物質的なもんにいつまでも縛られ、この宇宙空間のほとんどの世界が見

えぬ世界で、本当は三次元なんぞ、耳の垢《あか》くらいほんのちょっとの世界なんじゃから、
見えぬ世界の事を、超感覚を育て意識し始め、丁寧に扱うようにせんといきませんぞ。

片付けて、掃除をしっかりいたしなされ。
いつの時のものかも忘れ、納戸や、押し入れに眠らせておるもんにいい氣は宿っておりませんからのぅ。
しまうところものうなって、片付けられんほど物が溢《あふ》れておる場所は、知らず見えておらんがのぅ、黒い薄ら影がもう降りて、自分らの居場所を作り始めておるという証拠じゃから、今すぐ綺麗に排除して、目の前から失くしていかんとなりませんぞ。

日の出の少し前の時間は、世の中の喧騒が起こされぬ『明けの明星』という、天界に下界が追いやられ、一番すっきり軽やかな時。

この時にきちんと起きて身支度をして、掃き掃除、闇を祓い清め、一日を澄んだ心と場所で始める。

そうして毎日を続けなされ。

何をすればよい事が起こるか、あちこちの神社や、力の強い神さん（様）の顕われたような場所へ行って、一時的に洗い清めておったとしても、普段に自分のおる場所があじろ（＊）のような不浄に侵されたところなら、それは何にもなっておらん。

残念じゃが、心磨きもせずおかげさまを当てにするその心自体、依存に他なりませんからのぅ。

【神成《かんなり》】という弥勒に住まう半霊体となる為には、
自分が神の容れものとして相応しい状態になってゆくことなんじゃ。
ならば、その自分のいつもの環境もそうでなくてはならん。
皆、すべての者《もん》が幸せになりとうて意識を変え、あり方を変えてゆく。
こういった世界へと入っては来るものの、

いざ、自分を神と思う全ての真実と向き合う時、自分自身の扱いを誤解してしまって、論《あげつら》い、我一番を言い始めるんじゃ。

そうやって、「楽して生きれる、神さん（様）が笑うよう自分も笑うのがええ」というくらいにしか、理解しておらんのじゃ。

【一磁進】という、アトラス界の最高にしてこの現象の性質を意味する意識体が、どれほど人間に言い聞かせても、受け入れる者《もん》が少ないのは、本流の【神成】になるための進化の話を、偽物のアルケミストの作った宇宙進化の話の方が、華やかで、近未来思考の現代人に魅力をまき散らし目をくらませておるから、楽して、いい気分というもんになればええと思ってゆくようにして、本流に辿り着かんよう邪魔をしておるから、そしてまた、こう言われる自分の耳が痛とうて、神格を顕すようになってゆく自信がのうて、情けない自分を見とうないもんじゃから、自分の意識を拡大する本当の理由も未だ解らず、いつまでもいつまでも、迷いの中から抜け出せんのじゃ。

弥勒はもう顕われておる。

但し、【神成】にしか入ることは許されておらん。

厳しく云うわけではのうて、【神成】となる日本人が自覚なく生きてしまった結果、今の世の中、取り残されて、混迷を生きなくてはならんようになったと云いたいんじゃ。

なにも、神成になるのは難しいことではないんじゃ。

自分のことを神と知り、その神に相応しい、清々しい生き方を選ぶ。

単純なことを決めてしてゆくだけじゃ。

朝日の出るころ起き出して、洗い清め、身支度し、
部屋に朝日を引き込んで、不浄を祓い掃除する。

居場所となるは、不霊の寄りつかぬように盛り塩に酒、音の鳴るもので浄化をし、結界を張る。

扱いを丁寧に、自分の中に『無量の無限』が入っておるからのぅ。

それを埃かぶらぬようにしておくことさえしておれば、信じられんように肝の据わった神が顕われ、芳醇に『在る』という世界を見せてゆくようになってゆくんじゃ。

【あじまりかん】は、【神成】となる自分が、まぁだ未熟でもちゃんと天と御霊を繋ぎとめ、高揚するエネルギーを沸き上がらせて、いい事を興してゆく魔法のかかった呪文なんじゃ。

毎朝浄化をし、【あじまりかん】をいつ何時も言っておりなされ。
自分の意識は寛容になり、大いなる源にいつも繋がれ、いい事を興し続け、「気がついたらもう弥勒へ入っておりました」となるよう渡しておるんじゃからのう。

天津天、悪魔の口先八丁をいつまでも野放しにはいたしませんぞ。
おいそれと、これよりまいる落ち着かぬ事態は、周波数というエネルギーの振動を表す集合意識により棲み分けて、
古い因縁が浄化されず、低く低速で渦を巻き下に氣として溜まったようなそちら

へ移行する者と、はつらつとして、明るく光を意識し、朝日の上る、そのキラキラとした眩しい景色を見るように、振動数の高い、激しく宙を跳ねまわるような、そういう周波数域で生きる者《もん》とが分かれてゆくと云ってもよいくらい、まったく違う世界へ行くんじゃ。

磁石のように引き寄せられて、知らぬ間にそっちへ行ってしまっておったというようになるんじゃから、知っておいて、自分で管理しておかんと、憂いなき光の世界には近づけませんぞ。

面白い世界がはっきりと見て取れるようになって、自分磨きが面倒じゃからそれはせん。しかし宇宙は愛じゃから、気分は明るくしておって繋がった気になる。

あと数年したら、どうなっておるか…。

真実はひとつじゃ。

この性質を分かるか、分からんか。

宇宙とは心の内側に発揮する気配のことをいうんじゃ。

もうすでに、それは次々に何かを顕し始めておる。

【無量】が気分によって振動として飛び出した時、この三次元の性質の形になるため、時間を使い徐々に連なり、顕われ消えてを繰り返しておるからじゃ。

記憶することにより、確認しそれを繋げて物語としておるんじゃ。

本来時間空間のない世界が宇宙であって、すでに、もう一瞬にして生まれ、一瞬にして消えておる。

連続して覚えて見ておる、ただそれだけじゃ。

離れたところで何かが起こり、宇宙のその先にもしかすると何かあるとしても、目の前の出来事しか、自分には起きておらんのじゃ。

三次元に取り残されるということは、空間と時間に縛られた、目の前のすでに終わったことにしか意識を向けぬ、か細い力しか知らぬということなんじゃ。

宇宙とは、無限に溢れるそこに繋がる意識を『我《われ》』として、その『我』にエネルギーを繋ぎ循環させる真管をつくり、磁気のベールを張った中、自分自身の意識、我を我と信じる意識、これこそがその無量の顕われと感じること。

答えは、

我こそが意識、その意識の顕われが宇宙。奥深し無量なんじゃ。

（＊）あじろ……気枯地《けがれち》、忌み地、エネルギーの低い、磁場の乱れたいわくつきの場

ことほぎの知らせ

音を消し、いつも、いつ何時もあじまりかんを使いなさい。

お暮らしすべて、家、職、食べ物、娯楽、健康、人付き合い。
品格高い、しっかりとした自分自身。
新しい良いもの。
珍しい価値の高いもの。
質の良いしっかりと仕立てられた衣服。
貴重な、そして感動的な素晴らしい体験。
そういったものが、あなたの世界に登場し、未来の安寧が約束されてゆくのです。
『いい事いっぱい　あじまりかん』
『好き好き大好き　あじまりかん』
神格の顕われた自分には、大いなる源の八百万の神々が降り立ち、
天津天の最高の援護が始まるのです。

『あわのうた』を詠えば、特別な求めを天界から顕す時、躊躇《ためら》いをなくし発揮をつける、栄をもたらす祝詞なのですが、
扱いをもし遊び歌と混同することがあったり、難癖つけて荒い御霊が遊び感覚や、私利私欲を目的に間違った方向をつけて使うことがないように、
天津天がその効果をこれまで弱めていました。
起こる現象世界にあって、日本語の発音、母音、子音の秘密と、言魂《ことたま》の威力、三次元と時間次空を足した四次元以上の、五次元界以降における、余剰次元の理《ことわり》についてをお知らしめいたしましょう。

空気で満たされたこの地球では『音』という、聞いて知らせる仕組みがあり、音波という、その空間を振動により波打つ性質があってこそ、この暮らしや人生を、最高の条件とするか、そうでないものに甘んじるかを自分の発する『音』により現象を現わすようになっています。

今言われている、『思考は現実化する』という、低下した意識を高め、心を律し、いい習慣付けをし、いつも自分で高める言葉を言い聞かせ、本来の自分を取り戻し、言葉にし印象を豊かにいい事を意識し続けて、自然と良いものを手に入れるために、ナポレオン・ヒルによって書かれた本の言っているアファメーションが、

元々、古来日本の伝統的『わらべうた』や、『ホツマツタヱ』と云っている古事記の中の『あわのうた』や、『大祓祝詞』や『龍神祝詞』に由来するものであるとはご存じない方も多いでしょう。

【記憶】というものについて、先にお伝えしたように、

『意識』とは、一周、紙に円を描きなぞり、良いことも悪いことも、なんとなく

漫然といつも心に描いたり、身の回りで起こることを感情つけず、同じ条件で見ていたり、
口癖や、関心ごとをいつもいつも言葉にして言っているうちに、一周した円を何度も何度もグルグルと描き殴り、そうしているうちに、その丸い軌道は何重にもなぞられて、しっかりと色濃く、真っ黒になって意識にべったりと張り付くことになってくるという話を思い出していただければご理解いただけるとおり、
人間の脳の機能にある、網様体というところでは、RAS《ラス》という機能があり、あらゆる言葉、考え癖、いつも通りの作業、聞き流すテレビやラジオからの情報、特にあまり良くないと取り上げられる事件や社会問題や、影響を受けるよう仕組み作られたコマーシャルソングや、激しい音量の音楽など、神経を興奮させ感覚を落ち着かなくさせる様々な音の洪水…
これらは、自分で確実に必要がないものと解っていても、いつも垂れ流し、世の中を埋め尽くしていて、無意識にその音は聴覚を刺激し、乱し、コントロールできず、
そのRAS《ラス》の作用は勝手に働き、自分の考えや、意識とはまったく違っていたと

しても、それが意欲や、森羅万象を創り、自分の人生の背景、ベースとなり、そこから起点がついて物事を起こしてゆくことになり、恐ろしいことに、神格を疾《あさま》しく成り下げさせてゆくことになっているのです。

音を消し、いい氣に満たされるようになるために、少しの時間や一過性でなく、時待たずして現わされた視界に映るご自身の起した経験が、本陣としっかりと繋がりを持った印象となった時、『あわのうた』ホツマツタヱの謂《いわ》れある四十八の音波の渦をおこしてみてごらんなさい。

おそらくは、これまでのような古神道を学んでこられた方において、カタカムナや祭祀の祝詞を、音魂として正しい手法で扱いながら、毎朝、心経を唱えるように起こす波と知り、覚え、口にしておられることもおありでしょう。

しかしながら、あまりこれという効果は表れていないはずです。

もし、何か良いことがあったとすれば、それはその人珠《ひとたま》を磨き、心の在りようが変わり、澄んだ魂となったことにより、自分の発する円放射が大きくハッキリと強くなり、迷信せず自分を高くあらせたことが『それなり』を作っていったからであり、ほんとうの呪文の効果ではございません。

神格を高め、
これは意識体としての自覚の元に、しっかりとご自身の浄化を行い、
自分というも肉体ではなく、内なる宇宙と繋がって、お御霊《みたま》は顕われて、強い意識体となり、感情により自分の御霊の特性が維持され、
多様の事を思考し行動せず、
『托生択一』という、ただひたむきに、
目の前に現れていることに淡々と感情を付けず向き合っていれば良いという、単純にして良いことが表れてゆく状態となることを指し、

いつも、朝、起床してすぐに顔を洗い、手を洗い清め、口を漱《すす》ぎ、身支度を整える事。

彷徨える、卑しき霊体を追い出すため、きちんと掃除をし、『結界』を張ること。

手洗いなどの水回り、不浄の洗いをする所、台所に盛り塩一つ。

歓談や食事を家族集まりする所、部屋の四隅。

自宅の入り口、できれば戸の内ではなく外に盛り塩一対。

確たる書にも記されており、神格高き者宿る場は、いつも結界を張り、聖域としておかねば、卑しいものは見えず自由に出入りし、外道を繋ぎ、すべてをおろそかにさせてゆくものなのです。

『結界』は、重要なエリアを包囲し、浄化をする者をイタチやキツネ、卑しい半獣が飛ばす怨念などの生霊、そして霊格低し肉体を脱ぎ、霊界へ誘《いざな》われず、見えずこの次元に残る化け物と化した意識体、または人魂《ひとだま》から守るもの。

この世界は、見える感じる世界にだけ、生き物や気配が存在しておるわけではございません。

見えぬ意識や、何らかの状態が一致し集まった卑しく低い意識体という、想念や浄化できずに残されたものの世界も存在し、
また、周波数の違いにより、この三次元界で立体として形づくられ物質とならない生命体達も多く存在していることを、
うがったものの考え方をせず素直に受け入れることです。

この宇宙というものが、次元という膜のようなもので仕切られた世界があり、様々なものが織り交ざり、混濁したように存在しているという、証明されつつある真理があって、このような神道や仏門の、きちんとした教義に基づく教え習いは事実存在しているのです。

それを、おかしなもののようにぞんざいに扱う者は、この春分が明け、弥栄《いやさか》の弥勒顕われ、地球の究極の二元となる境が生まれ、二極に振り分けられてゆく時の、地に這う餓鬼道へと道はつけられ、温情働くことはないと云っておきましょう。

【氣】を扱う、その極意の基本とし、理解していなくてはなりません。

軽やかに、清々しく、心をいつもそうした状態にするため、音を消し、今を感じ、瞑想をしてゆく習慣を作りなさい。

実態として、見えない性質の世界の方がほとんどを占め、この三次元の特質として、状態として見えるだけでなく、音や味、匂い、触れた感覚で解る世界は、ほんの一パーセントに満たないのだということを知らないから、苦しみもがき、良いことを当たり前にできないのです。

満足し、「このくらい」と思って穏やかに生きている人も、本当の宇宙にどれだけ素晴らしい感嘆を覚える出会いがあるのか、勝手に制限をつけ、身の丈くらいを生きている、そんなケチな世界ではないと云っているのです。


頭の中で、日常における様々な刺激により作られる印象を、情報としてイメージで取り除き、心の傷によっていつまでも持っている因縁の記憶による感情を、いつまでも抱えたままにせず取り除いてごらんなさい。

ほとんどのこういった教義では、幼少期に受けた傷ついた心を癒し、肉体から取り除く作法（インナーチャイルドを癒す・ブロック解除）などをして、慰めたり、共感を起こし理解したりして解放をさせていますけれど、進化した意識体にそれは必要ございません。

多くのそういった心の闇を解消する作法は、アメリカのニューエイジの頃の手法や、イギリスの魔術の起こりから扱われている洗礼の手法から始まったものを、日本に持ち込みしておるようですが、本来人間とは二通りあり、よほどのことがない限り、日本人としてこの國の思想や習慣、文化に触れて生きているのなら、『半霊体としての生命体』として生まれてきている者がほとんどのはず。

『人間』という遺伝子操作によって造られた者の、慰め、同情心で共感する奴隷意識を解放させるための作法では、導きはつけられないのです。

この**『導き』というものこそ、弥勒の世に顕われる最高神界との直接的なコンタクト**で、

これ以降のこの地球人類は、皆すべて【神子《みこ》】という神を宿した者、半身半霊体としての性質を持った者しか棲息できないようになった地球に、呼ばれ降りて来る者で、荒い波動を穢れ祓い清め整えて、幽郭《ゆうかく》＝トーラスという、魂から天と地を繋ぎつくられる真管から、極性を持ち張られる磁力線に内なる宇宙としての意識をつくりおく、波動の性質の強くなった者しか棲息できなくなります。

また、この『死に、生きる』という輪廻は意味の無いものとなり、複雑な仕掛

けは簡潔なものとなり、円放射するエネルギーとしての性質でのみ、選り分けられて、
この地球上で、あと残り七十年ほどの時間をかけて、消滅する方へ巻き取られるか、
新しい神界の中に準備されている新生レムリアンの意識層へと入りゆくのか、どちらかを決定付けてゆかなければならない覚悟をもって、大いなる仕掛けは働いているのです。
皆、一様に導かれています。

本当の真実を目隠しされ、『知られることを恐れる者たち』によって、気づかれないように色々な手を使い、北斗の魂たちは抵抗できないように仕向けられているのです。
情報網を乗っ取った悪魔たちは、宇宙の扉が開いたように見せかけて、妖《あやかし》に踊らされ魂の進化を止められた情報通が、今から特上のお知らせを次々に発信してゆきます。

宇宙人との繋がりで、いろいろなテクノロジーがもたらされ、一緒になり開発したとされるUFOや、未来型の通信システムにより、現在地はどこであれ、目の前に見たい映像はリアルに投影されるホログラムの世界や、感情によりすべてのことは繋がれて、いい友達のように話し始めるAIを相談相手に、面倒なことや、話し合いなどしなくてもよい解決策は、お金を払えば使える世の中で、あなた方の意識はいったい誰になっているのでしょう。

多くの人たちが入ってゆくのは、一見し、とても進化した豊かな生活をしてゆけるこのような未来です。

人の関心事に『感情』という売り買いの基準をつけさせ、メディア戦略の洗脳により購買の意識は煽動《せんどう》された対象を作られて、煽る不安や恐怖を起こすメッセージをいつもいつも頭の中に刷り込まれて、いつも何かしらの心配を抱え生きてゆき、安心のために買わされる。

人と競争し、勝った優越感か、負けて衰弱するのか、いつまで経っても心の安寧が訪れる事のない世界。

その世界にも、華やいだ世界はあるにはありますから、優越感に戦い挑み勝ち取ってもいい暮らしはできますから、遊んでみても良いのです。

神格を高くし、心を弄《もてあそ》ばれなければ、これからの先端テクノロジーで創られてゆく世の中の、近未来的なスマートな生活も利用し、楽しめばよいのです。

あらましとして高い真言を振動として起こすためにある、あわのうたや日本古来の神道の祓い清める祝詞の力を、仕掛けとし騰がったこの地球磁気の中に本当に興し、

自身の幽郭《ゆうかく》がはっきりとしたエネルギー体となっていれば、

それは単なる言魂《ことたま》ではなく、誓いあり発せられる**呪文**となって働くのです。

最高の人生を創るために、

そうしてこの日本という國が、目的あって潰されてゆくことを、この【一磁進】のお知らしめの中身を読んで理解でき、

それは既に最初からあった、寓話ではない人類の起源に発端を持つ因縁により創られていて、いつの時も繰り返し起こされて、アトランティスが滅んでいった最悪は、この近代化の進んだ量子力学と天体宇宙を広大な三次元の現象とし観測をしていった宇宙理論とが合わさって、今、ついに真理へと到達し、【日本】という、イスラエルという南斗六星とは本当は全く違う、

北斗七星の神格高し魂たちの集いある性質を繋いだ、高揚する真理に導かれた【國體《こくたい》】という意識層域の顕われを、今ここに証明するためのひとつの最終的仕掛けを奥秘信《おいしん》しているとし、あじまりかんで締めくくり終わりとさせていただきましょう。

【あじまりかん】の極意

大神呪【あじまりかん】。

あわのうた、カタカムナ、とほかみえみため、そういった真言を呪文とする、大祓祝詞の最高峰。

荒い波動のこの地球が進化を遂げ、今次元のあらましは、

この三次元の物質的価値を見て取る、二元と五感によって現わされた世界。

陰陽、明暗、優劣、男女、高低、善悪、相反する二つの対象的な価値づけと、

視覚、聴覚、嗅覚、味覚、触覚の五感を使い、見て聞いて、嗅いで、味わい、触れた感触により確認する限定的な貴重な世界と、

時間という、一日を日の出、日の入り、朝昼夜、季節の移り、命の成長、そういったものの現れを一瞬を繋ぎ経過を表す次空の事。この時間次空を足して四次元の中。

そして新たに顕われたのは、五感以上の感覚を開き観て取る五次元界から、弥勒顕われる六次元界へと移ろいゆき、

阿修羅の怒りによって、

『己』というも我を解らず、一真核の磨き怠り、

「どうせ自分など」と言い訳がましく徳を解らぬ者に安寧訪れさせぬよう、最悪を招きいれ、簡単に這い上がらせぬように、『あじろ』という、卑しいもの這い出る霊道近くや、荒く低い磁気波の土地や、怨念渦巻く意識の集まる場所へと居場所を置かせ、生業に障害を起こさせ、人間関係きつく怨霊にまとわりつかせ、か細い収入に似合いの知識、深刻な健康被害、病気、怪我、臆病な心はさらに自分と社会を遠ざけて、後悔し、反省しやり直そうとも、せっかく気力を取り戻し、少しの期待が生まれても、蒔いたその種の芽が出る前に根から刈り取る『かまいたち』を放ち追い詰める。

こうして人生を諦めさせてゆく『阿修羅』という神のような人間の選別をしてゆくものが、卑しく自分を蔑んで「どうせ自分なんて」と言っておるのを、神子《みこ》として生まれた自分に、まず疑いを持つのが一番の罪穢れということを解らせるため、怒りをつけて、人以下に成りを下げさせて、満身創痍であったとしても、

その阿修羅の怒りを慈愛によって解き放ち、あらましを【在る】という性質世界、本来の宇宙の真理へと繋ぎなおし、完結させてゆくという【阿慈真理完】。

【あじまりかん】と唱えれば、

ありとあらゆる、一神格のすべての濁りは、失い捨てた人生から解き放たれて、かすかな希望が湧き上がり、ささやかな幸せが顕われ始め、

髙御座《たかみくら》、神の鎮座するところまで導きつけてゆくのです。

【あじまりかん】は大神呪。

拝みとおすことはない、全ての祝詞の文経を、たった一言に閉じ込めた、阿修羅の怒り解く言霊呪文。

全てを顕している天津天、最高神界アトラス界と、御霊を共振共鳴させて特別な象顕を興す魔法のかかった祝詞なのです。

あじまりかんについて云えば、日本の古神道の研究者や、こういった精神世界の究極を探している人達の手によって解明し、あり方を変えてゆく真言であることまでは理解されて、一厘の、安寧の世を開いてゆくきっかけとなるものではないかという事も、

また、言い伝えなどから、結果を良いことに変えてゆくものとも信じられており、口惜しくも日本という國が侵害され続け、あさましきこの世の終わりともいえる時代において、

先の世に幸福を呼びこみ、新たなる仕組みが顕われて、一気にひっくり返してゆく一厘の望み。

宇宙とは、はじまり『ひとつ』。

愛一元の『すべて在る』という性質世界。

本来『在る』の中に収められていた『悪一元』を表に取り出し、拡げ奉り、

とうとうそれは、宇宙の真理を飲み込むほど拡大し、究極の二元を創り出した悪魔崇拝者たちの世界を、自然な宇宙本来の振動する特質が濃密に働く仕掛けの中に泳がせて、その希望に預けられたこの真言により、この阿修羅に野放しにされ、不幸を拡大し、完璧に、確実に追い込んでゆく真実。


誇張され、歪曲されることのないように、すべての力が発動するには、あるいくつかの条件があり、それを示している古文書などは存在いたしません。

救いの道は現われて、新しい地球の誕生となるこの三月春分の時をまたぎ、暗黒は色濃く、激しくなってゆくように、先に起こしたアセンション期。

この世の森羅万象はたったひとつの意識が創り、幻想として目の前に現れて、あなた方が今、今味わうその気分、気分の発する周波数が『空』の中、その『無量』から意識として量子転換が起こされ、並行次元は創られ始め、この地球上の時間を使い、ゆっくりと分子化され全てのものは作られている。

それこそが、現象として観て取る、この地球上の象顕、顕われで、
この天体宇宙を宇宙と呼んでいるのではなく、いくら遠く広がりつくり、未知な

る魅力に包まれていても、これは単純に自分の感情の周波数により取り出された世界なのであって、

本当の宇宙とは、その感情をエネルギーとして発している、その心の内側の事を指していて、それこそが森羅万象を生み繋ぐ『無量』という、渦を巻き磁気を放ち、八百万を宿す、疑いなき力。

『本領』という神格高き宇宙根源、源、愛一元の叡智そのものなのです。

あなた方は、この地球磁気の強くなる間、浄化のためにアトラス界がこの地球を覆いつくしたフォトンベルトに巻かれ取られて、人間の尊厳を取り戻していったのです。

卑しい者たちの画策する未来についての情報を明るみにし、子供たちになって現れた、進化した他の高等宇宙生命体たちのたくさんの集合意識により起された、地球の誤った道理を炙り出し、意識変革を起こさせられ、安寧の世の訪れをこの目で観ようと、こうした進化した意識体の発する情報に辿り着き、

磨きを興し、特別な作法を知り、本陣を人ではなく『半霊体』という高揚するエネルギーを繋ぎ、
肉体ではなく意識波動体であることを自覚し、『あり方』に頼りを作り、こうして今、この真言を受け取っているのです。

安寧の弥勒顕われた六次元。

【あじまりかん】の本当の大神呪と呼んでいる力が発してゆくのはこれからなのです。

言葉にして発しても、頭の中で印象にして植え付けつけるようにしていてもどちらでも構いません。

【あじまりかん】は、大変徳の高い神格の本領を持って生まれた者にしか現れないのかというと、決してそうではございません。

荒ぶるこの地球の民のすべての者が、一生懸命使っても問題ございませんけれど、
単純にしてひとつだけ、使うか使わないかという、良いことと知ったとしても、

こういった作法があると、結果を良いことに導きつけて差し上げたとしても、使わないのなら意味はなく、いい加減にして言ったり言わなかったりでもダメなのです。

特に今は、刺激を作り、興奮状態にさせ、又さらに刺激を与えるという手法によって人間の操作はされています。

頭を休めることが出来ず、絶えず時間に追われ、興奮状態が緊張を作り、思考が止まることがないのです。

思考して良いことにするためには、リラックスし、α波を出しておかなくてはならないのにそれをせず、鬱《うつ》になってしまうのです。

頭の中の無駄なおしゃべり。

「なぜ、あの時に」「彼はどうしてあんなことを…」

「あぁ、どうしようこうなったら」「もしこれがこうなるとして…」

「あといくらしかないから…」

いくつもいくつも次々に話題豊富に自分の中の思考の悪魔が騒ぎ立てます。

それをさせない為に、ひとつ思考が浮かんだ時【あじまりかん】を言うようにする。

例えば電車に乗って、ボーっと人を観察したり、目に飛び込む流れる景色で脳を刺激し続けているような時、目を閉じて【あじまりかん】を心の中で唱え続けてゆくようにする。

面白いことや、嬉しい経験について心が躍った時は、いい気分に満足をつけたしてゆくように【あじまりかん】を言いながら思いを満喫するのです。

いろいろな使い方を試しながら【あじまりかん】を使っていると、今はもう弥勒顕われた六次元。すっかり自分はその意識に同調し、あっという間にして、目の前に経験として現れるのです。

光という、振動するエネルギーとしていつも自身を浄化して、高い意識に自分を律し、波動体であるがこそ、身を置き使う場所には障害の入らぬように塩、酒、聖水で浄化をし、そのエリアに魔が入りこまぬように結界を張り、いつも清浄に気をつけて、清々しくしておく。

これよりは、神社大社のほとんどに八百万はおりませぬ。

大きな大社や、静寂さを保つ聖域として管理されているところ以外に、大神はおらず、『すべては自分』。
自身の中に『御中主』は顕われて、
大いなるしかけ、人成り改め神成《かんなり》となり、
弥勒の世に【あじまりかん】を使い、神気をまとい、
意識波動と自覚して御体《おんたい》を清め祓いし魂は、大神宿り顕われる。
音を消し、【あじまりかん】をいつもいつ何時も口にして、面白可笑しく生きていれば、道は開かれ、やがては弥勒は神界と繋がり、肉体を脱ぎ、行き着くところはアルテミス界の、勢いづいて発揮良く創られる最高次元の十五次元、『新生レムリアン』としての集合意識へと吸収され、昇華してゆくこととなっているのです。

アルタイルにより、國としての存在を在るものにしていた国土は奪われ、侵害されてゆくことはもう避けることができません。
アメリカによって、この國の意識の喪失が作られて、名誉あったこの國は、死

んだように変貌させられています。

何もかも、初めから奪い取り、諦めさせるようにはたらいているばかりでなく、人間の意識操作を巧妙に仕掛け、欧米化することが近代化、西洋文化は明るくて華やかと、一億三千万人の人口を完璧に貶《おとし》めて、天皇制や、内政への干渉、そればかりか教育や職環境、医療やすべての事がアメリカに倣《なら》い行われています。


そんな日本人の憂いを晴らす一厘の仕掛け。

同じような神格を高め立て直しを図る情報は他にも数多くあり、本当に迷惑なほど意識を乗っ取り、卑しいものが紛らわしくも次々にと現れて、本来何故、こうした導きに辿り着き、何のために自分というものを磨き、最新の情報を受けているのか？　本質にたどり着く者はおりません。

【あじまりかん】にしても、単純にして使っても、北斗の魂の知られざる叡智の意味を解り、発現した神格が言葉にし印象付けをしてゆかねば、いくら使いたく

てもはっきりとした現象は現れはしてゆかないし、

この世界がどんな状況であろうとも、次空の本当のあらましを理解して、その特性に抗わず、振動するエネルギーとして生きていれば、

アインシュタインが解き明かした宇宙論で証明されているように、この宇宙全てが振動する一つの粒により生まれ、それは意識によって何になるか確定し現実化しているだけなのだから、**自分の意識ひとつが全てを創っているという真理**にしか実体はなく、

心配が心配をつくり、「このことはこうなのだ」と信じた世界が自分の目の前で再現されるだけと分かり、『私は、私の世界で生きる』ことは可能となり、

お蔭様という、神成《かんなり》に大神が顕われ後押しをしてくれる現象は起こり、多様に無用をつくり、

同じ空間の中、起こされている背景は同じものを共有しているとしても、それは大勢の集合意識の世界であるし、

自分の意識がそれに同調していなければ、間違ってもその周波数で起こる現象に悩まされることはなくなり、

音の洪水をできるだけ受け取らず、静寂をいつも探しているだけで、
神成としての性質は強くなり、
おおらかにゆとりは生まれ、肝の据わった者へとなってゆくようになるのです。

いい気分を味わいなさい。

ただし、依存心により、何か宇宙との交信が始まり、急にいろいろな情報が入ってくるようになってなど、半獣の意識と同調し起こされる幻聴や幻覚と混同しては困ります。

一磁進の真言は、陰核という魂の内側から、信号波として送られている意識の高まりを叡智と繋げ、エネルギーとして受け入れて感覚を開き解析して並べられている信号波であり、
野狐《ヤコ》やイタチや、下等生命体や、うごめき人を陥《おとしい》れる卑しい意識体に入られ侵されているものとまったく違う波形ゆえ、
高じて一神格の元にある幸御霊により、受け入れられる者かそうでない者、
読んで難解であっても意識としてうごめく何かの顕われが興るように感じ触れら

れるか、触れる事がないかというように、好き、嫌いの次元のものではないという事。

甘い言葉で励ましつけるようなものではございません。

日本古来の古神道とは、宇宙と地球を、まだ磁気波の弱く荒々しい時代にあったとき、北斗の民が地球に現れ、その叡智、恵を繋ぎとめ、『空』の中に顕われる、この地球の特性を、振動する音の波により自在に操り、宇宙根源の『無量』という、『在る』という性質世界をこの三次元の中に創り出し、完成させた唯一無二のすまくらめ（すまくらめとは、意識を覚醒させる術式、作法と云いましょう）。

意識を覚醒する松果体の働きを促進させると、氷解した松果体《しょうかたい》は、セロトニンの分泌を起こし、脳内物質は信号として神経伝達され、太陽神経叢《しんけいそう》へと送られます。

こうして自律神経としての働きは調整され、覚醒状態であれば思考はほとんど使わない状態となり、ゆったりとした気分が起こり、緊張状態で意欲を掻き立て、意識を気丈にし鼓舞する必要はなく、真管は通りエネルギーで満たされ、ほとんど食事は摂らずとも【氣】＝プラーナによって充足され落ち着いて、見る目には振動するエネルギーの放射が映り始めます。

宮本武蔵が瞑想中に、箸で飛ぶハエを挟み捕らえたように、深々と広がる意識に、一点の振動する動きが起こされると、その聴覚に入る音や、触れる空気の振動や、目を閉じたままであっても、その一点の動きを見ている様に捉える事ができ、静寂の中の自身の動きに無駄はなく、『一瞬』を摑まえて、その隙に『一瞬』の動きを起こします。

【國體《こくたい》】のあらましは、人間の作用と反作用により起こされる、三次元界の中の状況に実態を置かず、ひとつの意識体が繋がりあい、連鎖して反応しあい、『結果』を作りだしてゆくことを、

この日本という国土領域に固執せず、

縄文の進化した意識を持った遺伝子を目醒めさせ、クライシスハート（クライシスというのは、クラッシュの意味ではなく、クライス、クラリスと同義である。聖者の、磨かれた、という意味合いで、音波信号として日本語読みをしたときに、振動数の高い呼び方をしてこのように云っており、ジーザスクライシスといって、「神よ、なんてことをしてくれたんだ！」という嘆き言葉ではございません）。聖者の磨かれし魂たちとなったとき、まるで同じ世界の中に居ても、自分たちの世界にはまったく深刻な状況は起こらず、地に這う外道たちの行いを、雲の上から眺めているような、そんな不思議な状態に知らないうちに入ってゆくようになるのです。

活き活きと毎日を楽しみ、円放射を描いている意識体だと思い、真管が通り、凛《りん》として、

音を消し、聴覚を守り、言葉にし【あじまりかん】を唱え続けなさい。

弥勒とは、

改められた新生地球に今生まれているユニークな新人類と、もがき苦しみはした

けれど、今この時を慎重にして選び一回の輪廻の中で『心のあり方』に目醒め、導きに繋がり、大いなる仕掛けに生かされたったひとつの真理に到達し、内宇宙に繋がって、神格を顕し神成となった半霊体が、お陰様と精霊と共存共栄を創る、地上に現れた神界の中を生きてゆく次空間の事をいい、

確たる上は、【あじまりかん】の特別な力によってそれは発現し、発現したものが結果的に『ヤップの民』として生まれ、意識体として『レムリアン』と呼ばれ、

この地球由来の本家となる地球人として最初に降り立った、オリオン星団の最高峰の使命を持ち、愛と友愛、希望のこの地球の本当の王『エンリル』と同じシリウスの高い知性を誇り、プレアデスの霊格を受け継いだ、北斗の魂であるということになるのです。

良い知らしめはまた今度。

あっ！　と驚くこれからの次元の仕掛け

大いなる知性集団の入植はこれからもっと盛んになり、まだ目醒め興せない者も、この地球の不可思議に気づかなければならなくなるように仕向けられるように、次々と違ったタイプの新たなる高等生命体達が、一斉に、しかも大変大勢で送り込まれてくることになっております。

次なる進化は、少し意識が高まった、精神世界に精通するようなタイプの人たちの中で、興されるのではございません。

大人が子供に教育される、そんな信じられない時代はもう始まっているのです。

歪んだ家族関係は崩壊し、あからさまに濁り多い家庭には、揺さぶりをかけるような仕掛けが働き始め、我欲によって高圧的な意見や態度をとっている者や、破廉恥な意識である者が弱い者へ向ける衝動や、自滅的な行動により困窮を極めてゆく者や、親としての意識のない、幼稚な責任感のない者や、おそらくは、教育やしつけを無理強いしている者なども含めると、ほとんどの親が値するかもしれません。

『あり方』の解らない大人が子供を育て、私欲を満たすために子供を使うような、そういう所へ生まれてゆくのです。

人間の父親、母親から、自分とまったく違う性質の高等生命体たちが、魂に入り生まれてゆく天界の仕掛けは、集合意識に働きかけて、必ず結果を生みつけるのです。

この者（著者）のように真言を受け、こういった真理について導きをつけていたそれ以前の時代の寵児は、ほとんど使命を終わらせて、もう今は、放免となっている、二十代～三十代のクライシスハートたちが出てまいり、次なる使命をもう始めています。

神秘的な外見はスマートで、落ち着いていて、深々と語ります。

クライシスハートと呼ぶに相応しい、洗練され、透明感ある立ち居振る舞いと、雰囲気を醸し出し、
宇宙や高等生命体の意識体としてのお知らしめは、少しこれまでの精神世界で語られていたものと、タイムラインが異なるため、情報に違いがみられるかもしれません。
理《ことわり》は分かっていても、人間世界での実態としての経験が浅いため、実際に発揮良く真管を通し、心を律して生きている者と比べ、物足りなさはあるでしょう。

また、今多いのは、宇宙人としての意識で生きていた記憶や、体内記憶、前世の記憶など消さずに生まれてくる者も多くなっていますが、これについて、ひとつ深刻な問題がもう既に起こされようとしていることを云っておかねばなりません。
まず、ひとつの真理に到達し、現象として今この瞬間を生きていくようになってくると、この地球というものが、時間という空間の中で機能していて状態が作

られていることは、真理として起こされている事象であると単純に理解できるでしょう。

そうならば、過去というものについて、生まれてきたときにどのような情報を持っていたとしても、

それは『思考という現象を覚えている』という、三次元的意識が強く働いているともいえ、本当は実態のない瞬間の連続は、知性として進化が進めば、記憶自体が価値のある情報ではないとわかるから、全て周波数として手放し昇華させているのが、エネルギーとしての振動数が高いのですから、

卑しい者に繋がり創らせ、今このような次元の解放されている次空間にウヨウヨと見えず存在する者を、親の知りたい欲や、自分の子供が高次宇宙生命体や、神成《かんなり》の顕われであって欲しいと思う親のしつこい誘導により、最初こそ高い振動でまだ繋がりある時に、知られざる真実を伝えていたはずの子供が、

しつこい誘導により、何度も聞き返したり、その先や、もっと過去を辿らせられたりしているうちに魔が入り、野狐やイタチたち、堕天使に包囲され上手く騙さ

れ始めていることに気づかず信じ込み、子供の単なる空想に付き合わされたりしているに過ぎない者が、とても卑しく広がっているという事。

覚悟してお聞き届けいただきますように。

奥秘信《おいしん》は、深々と奥深く密かに信号として届くものですから、【奥秘信】と書かせています。

日本語で調べても出てきません。

特別な真言は、こうした暗号のような解読できず、データにない、印象としてその意識が受け取る感覚により興されて、渡されるものであるという事を云っておき、

幽郭《ゆうかく》＝トーラスのしっかりした意識体として使命ある者すべてが、

こういったメッセージを受け取る必要はなく、

高め合うため、あえて低いところに現れて、人間の闇出しに使命がある者も大勢いますし、また、そういった意識の実動部隊のほうが、実は圧倒的多数なのです。

しっかりとした本物の教義に巡り合い、自身のその使命の苦痛を晴らし、

意識として覚醒する為、このような導きは与えられています。

ですから、今のこの進化を促し、宇宙の秩序に洗い清めの起こっている時に一斉に生まれていて、次の輪廻には現れず、神界の高い集合意識へと移行されることのため、今最高の自分を創っているのです。


幼稚な大人が、これからは半獣の標的です。

これに気づかせるため、新たな命により進化した知性たちは、姿となり現れるのです。


光波動の強い『ベガ』。目的は、仕組みを根底から覆す事。

寛容な心で接し、音のある暮らしに特に敏感なので、必要がなければ、テレビやラジオやうるさい音楽、興奮を上げ続ける環境を見直しなさい。

子育てを甘く見て、楽をしようと躾を怠り、寄り添う心を忘れると、荒い波動に強い光が歪められ、言って聞かぬから体罰によりしつけ、辛辣な言葉をいつも投げつけ、その言葉の反芻《はんすう》する先は、全て自分。

その焚《た》きつけられる、どうしようもない怒りは、自身の心に深く刻印するような傷をつけ、いつか自分を襲うのです。

今は小学生高学年から、中学一、二年生くらいまでに生まれたお子様たちに多いこの明るく強い発揮の良い魂たちの集合意識は、感覚的覚醒を起こさせるためにも訪れています。

思考の強い親御さんの元にほど、こういった気分や環境に左右されやすい、はっきりと好き嫌いのある自由気ままな魂は生まれ、か弱い自分を手柄や知識で埋め尽くし、対抗心で満たしている親ほど気をつけなくてはなりません。

音に敏感なのです。もともと振動数の高い魂で、明るくひょうきんな子供の一番好きなことをさせてあげなくてはなりません。

集中できる環境を与え、気分を変える音楽などで、メリハリをつけ誘導してさしあげなさい。

興奮状態になりやすいので、落ち着いた空間を作り、場の雰囲気を読ませる訓練をすればよいのです。

元気が良いのが特徴なのですから、しっかり走らせ、ゲームなどより、球技などの団体スポーツで、ゲーム感覚は養わせるようにいたしなさい。
ストイックに修練を好む嘗胆《しょうたん》（魂）ではありません。
明るく、たくましく心を育て、この地球の改革者として相応しい知性を身に付けさせるのです。

進んだ知性たちは、大人の心の内側に何を隠し持っているかを表面に表すため現れています。

子供たちに問題があるのではなく、大人である古い意識のままでいる、この地球磁気に同調していない大人の炙り出しをしているのです。

コロナウイルスで世の中は混乱し、異常な世界が創られて、闇が暗躍する時に、一番ひどい被害者となりうるのは、子供の立場の人間です。

この世の中の多くの者が憂いを作り、「しっかりしなさい」という希望をつくる為に現れて、強い意識で淡々と受け入れる大きな度量で生きゆく姿は、教育の現場を報じる時に、度々映像でも見せられているでしょう。

大人のように、きちんと状況も解り、しっかりとした考えも言える子供たちが次の未来の新人類で、淘汰の対象は、今までの三次元の思考と行動を、時間をかけて起こしている、目醒めの遅れた人間奴隷なのですよ。

あらゆる高度な知性の高いタイプの子供たちは他にもいます。

これから、七〜八年後に多く生まれてくる子供さんは、特別な意識体が宿ってくることになっており、大人の世界は逆転し、子供に『種』の選択は任されてゆきます。

『種』の選択。
存在してよい魂か。
消滅させる魂か。
阿修羅の怒りの鉄槌と、アトラス界の慈愛とが、この時に生まれてくる意識体により、目の前で発動されてゆき、完璧な人選の最終的な審判は下されることになっています。

特別なことは、こういった子供さんは、当然、日本人としても生まれてくるこ

とになっていますが、
ほとんどは意識の低い、低所得の、磁気波の弱いところに住みつく、阿修羅の怒りを買う者に預けられることが多く、世界的に言えば、欧米、中国に偏り多く生まれることになっています。
いい魂であっても自信がなく、自滅的思考が癖になり、澱《よど》みの中にあるような者に、寛容な救いともなり、子供を宝のように扱い、いい氣をつけてゆく者には、安寧を繋いで救い上げ、
諸刃の剣で、諦めて「どうせ」と嘆き、「子供のせいで」と言う者は、阿修羅の怒りの制裁が瞬間にして起こされることになり、
病気や事故や、突然の失業など、信じられない不幸に立て続けに襲われて、一生を全うすることなく、無常に悪一元へと追放され、消滅してゆくことになってゆきます。
災難に遭い、これが全て自分が起こした事かと、本気になって生き直しができたのは、これまで時間次空がきちんと一定の次空間を維持できていた為で、現象になるまで、考えを改めて生き方を鑑みる時間が与えられていたからこそ立

て直しは起こせました。
しかし今後は、待ったなしに現象が作られる五次元の意識次元、瞬間に顕われる超意識世界の六次元の性質の方が、時間次空を巻き取って真実を表してしまいます。

この次元の変化し、改められた時に【一磁進道】という、寛容なる神道の教えに誘《いざな》い導きつける、大神《おおかみ》と、霊格高し進化した意識体との共存共栄する世界へ、神格を顕し、意識波動体として【神成】となり入るための躾施す道は、
こうして弥勒の世の顕われた六次元界の登竜門となり、障りなき誓いの元へ、強く繋げてゆくでしょう。

アリストテレスと並ぶ、地上の歩み遅し人間に、【本領】という心の宇宙を解りやすく説《と》いていた、ギリシャの哲学者ソクラテスは、
【意識】というものについてこのように述べていました。

心を鏡にして喩えれば、
目の前にいる、その人の発する言葉や、服装や、食べ物や、仕事や仲間が、
そっくりそのまま自分というものを表している。
心を取り出して、自分はどんな人間で、
どんな人生を歩みたいかを尋ねるわけにはいかないが、
おそらくは、目の前にいる人物が、
本当の自分の状態を見せてくれているんだということだ。
問題を抱える友人がいるし、
当たり散らす人間を見て腹を立てているとしたら、
実は自分もいつか同じことをしていたことに気づく。
人間とは、刹那なものだ。
安心し裕福になりたいくせに、
自慢話や、相手をけなし、.
自分がいかにいい事に繋がっていないかを、人にしつこいくらいに言いつづけ、

結局、そんな人生を創っている。
溢れるほど、愛を感じようとすれば、溢れるのだからあげられる。
たったひとつ、自分の鏡の曇りを拭いて、
笑顔で微笑み返すくらい誰だってできるのに、
そのたったひとつすらしようともしない。
与えるものを探さなくても、誰かに先に笑顔を向ければ、
それは、微笑み返してくれるはず。
心は、魔法の鏡で出来ているんだから。

『アンスール』という、少しプレアデスの意識体にも似た、大変徳の高い発揮の良い意識体は、これより三年後から、およそ三十～四十年間の間、世直しの最終兵器として生まれてくる、先ほどご紹介した阿修羅とアトラス界の共存するような魂を持った、『アステム』と同じような立場で長い期間生まれ続けますが、
アトラス界と次元を重ねるくらいに進化を興した魂で、

それはそれは意識が格別高く、それゆえに本物志向、切れ物のように鋭い感覚を持ち、障りある者を弾き飛ばします。
お子様の時から、高飛車な態度で、人を見下したように物を言い、頭の弱い人間や、
障りある卑しい感情を隠し持つ者や、強がり威嚇するような者に、
辛辣な言葉をあえて投げつけ、怒りに火を付け、目くじらをたて正気を失わせた行動を起こさせるよう誘導してゆきます。
『アステム』の阿修羅とは、タイプが違いますけれど、心の内側を引っ張りださせ、
人選の最終審判をしてゆくのです。

一角獣のユニコーンとは、
エルカンターレという黄金の光の世界のさらに奥へと繋がった、
福々とした柔らかいお菓子のような世界にいるものですけれど、
人間界へあらましとして映された時、その姿は半獣となっていて、卑しさがない

ものであっても、半身は人間の形で現れ、下半身は馬の姿は、荒い地球の二元の中で、

大きなしくじりを犯してしまいます。

長い間、進化の遺伝子操作を数万回起こした時、地球上に現れたケンタウロスと呼ばれる進化した生命体は、あまりにその姿が美しかったため、卑しいエンキの意識をつけられ、我欲の塊となり、足で蹴り上げ発狂するようになってしまいました。

だらしない、はしたない、そういう意識が半霊体のはずがない、きっと元から半獣であったとされ、卑しく成りを下げさせられたのです。

空想上の生き物のように扱われるユニコーンを、外へ出さず、エルカンタ－レの燦燦たる光を抜けた、もっと奥へと引っ込めて、アトラス界が守っているのは、混じりけのない純血統は、この地球上には送り込まないというアトラス界の強い意志。

悪魔たちが遺伝子操作を繰り返し、牛や豚、野菜やくだもの、そしてそれは、今現代でも人間の遺伝子操作は行われ、

異常者同士の遺伝子を掛け合わせて、同期化したＡＩの操作によって意識のコントロールを行ったり、人体実験をクローンを使い行ったり、
世界的シェアを誇る種苗メーカーは、もう今は名前も変えて、その真実を上手くかくしていますけれど、兄のエンリルの遺伝子に、自分の意識を優勢にして掛け合わせレプトゥリアンを作り、
卑しい半獣の嫁や娘、しもべたちと混血をすすめ、生かしては殺し、紆余曲折の末、卑しい人間奴隷は誕生し、
その時となんら変わりないことを、今、アメリカの医療の最先端を科学技術に繋げ、
恐ろしい種の創造が行われているのを、悪魔以外のどんな存在がおこなえるというのでしょう。
　あまりにも非道極まりない、この真実に抗い逆らい起こしている、イシスに温情をいただきながら悪意あって利用してきたこの二元の始まりを、腐り切り、驕り高ぶりの頂点まで辿り着き、『空《くう》』の世界すら操り始めた悪魔に、自分の創った世界の中で、飲み込まれ、溺れ、消滅してゆくよう、阿修羅に特別な力を持た

せ、悪一元を色濃くハッキリと表して、進んでそこへ入ってゆくよう導くのです。最高神界と重なり合う十六次元界から、最高の神格を誇り、天上界の諭しをつけず、条件によりそれを顕して卑しき半獣を悪一元へ追いつめて行き、栄ある人類の一貫性を作りあげる、もっとも気高い知性集団『アンスール』。

アルテミス界の最高十五次元に開かれゆく、レムリアンの集合意識は、こういった、これから生まれてくるたくさんの高等生命体たちのヒットした新しい地球人類の登場により、格上げされ興されるのです。

【あじまりかん】を使い、憂いを浄化し、『あり方』を解ってゆくように、あなたは、あなたを寛容にして許し、落ち着いて発揮良く、目の前のことを淡々と、いい気分を繋ぎ、明日を生きる。

今、瞬間の感情が明日を創っているのです。

世迷言《よまいごと》や、空想話、落ち着きのない半獣たちのそれと混同してはなりません。

由緒正しき北斗の魂は、霊格高く、真管を通し、エネルギーとしての意識がつけば、あとは何も心配いらないのです。

淡々と、目の前に現れることをしていればよいし、
気分で繋ぐ良いことをいつも関心づけ、
そうして【あじまりかん】をいつ何時も唱えてゆくこと。
たったこれだけでいいのです。
『意識』とは、自らを自分と思い、扱う力のこと。
無意識にあって、意識を混濁させる『音』と『情報』にお気をつけなさい。
この世はすべて振動するエネルギー。
もう宇宙の真理は証明済みの、本当に実態を顕す『無量』。
心に描き起こされる感情の力がそれを指していて、
今この時に何を気分と感じているか、この瞬間のエネルギーの状態を管理すること。
私一人を立て直し、意識によって全て自分が投影するのだと、
この状態を「ああしておけば良かった」など泣くくらいなら、
今すぐ心を浄化して、
『いいこといっぱい　あじまりかん』

『好き好き大好き　あじまりかん』
『すいすい　楽々　あじまりかん』
お好きなように心地よく、
言葉で発し創られる真実を楽しみにしてお待ちになればよいのです。

地に足をつき、手を合わせ、【あじまりかん】を唱えれば、
弥勒の世に天津天はありありと顕われて、
高揚する気分、
「あれをしてみよう」
「ここへ行きたい」
『あり方』は顕され、『成りよう』が示される。
さぁ、もう最終列車は、間もなく発車いたしますよ。

追記

春分明けてからのメッセージとして追記いたします。

爽やかな朝の時間、
太陽を全身に浴び、
深い深呼吸をすれば、
頭から光は通り、
自らの行いは明るく、

発揮の良いものになり、
迷信することなど一つもございませんよ。
穴ぐらから這い出たモグラのように、光が眩しくて、
掘った穴へまた戻ることのないように。

歩む道、二つにひとつ。

これはもう何度も何度も、あなた方へ伝えていますけれど、
辛辣に批判するのではなく、異質なこれから先の世界を、『甘く見てはなりませんよ』と云って警告しているのです。

実体のないあらゆる意識体が、この地球の次空間にどんどん入り込み、これがどんな事をしでかすか。
あなた方は、あまりにもこの地球の重力に、低く低く振動数を落とされ、思考し、感覚的に生きることを忘れてしまい、

目の前にある現象を今、たった今創られ起こされていると信頼をもって確信して、本当は、ずいぶん前に自分が同じようにして現実を見、五感全てで感じ取り、それを考え、上手く立ち回るために『後手の一手』をいちいち加え続けていただけのことだという事を理解できなくてはなりません。

思いは現実となる。

もう思考が現実となってと、あらゆる成功哲学の本などに書かれていた、自分の心のあり方では、現象化の早まったこの三次元を覆っている五次元界、六次元界の見えないエネルギーの性質世界は、時間の速さと大量の信号波を、縦横無尽に瞬間にしてやり取りをする『空《くう》』を切る性質の世界を創り始め、これにより、求めるものは量子転換によって起こされるという、アインシュタインの法則性理論の解釈をあてはめると、

この宇宙はすべて、見える物体として存在するものも、

見えず信号として存在しているものも、

空気中の密度を意味する酸素や窒素、二酸化炭素、それらを構成している元素す

べて、一秒間に何回振動しているのかという素粒子の運動の値を周波数というエネルギーとしての存在をあらましとして起こしていて、
又、振動数は、それらの『意識』というものが発する『感情』というもの、生き物すべてが発する自然の摂理の中で循環し、興されているそれぞれの生命力は磁力に引きつけられ、自らも引力を持ち存在していることから、
逆らわず、身を任せ、森羅万象と一体となることで高まり、
その感情を安定させ、高等生命体として意識波動で存在をし始めてゆくと、
時間をかけ思考し、計画を練り、安定した気分と意識を高く維持するため、
自らを鼓舞し考え方自体を固定させるため無理やりにして言いつけるアファメーションや、仕組みを落とし込むための組織づくりや、それに必要な習慣化など全く無意味で、
それをしている自分がどんな気分で、どんな思いにより動かされているのか？
その原動力としての自尊心のあり方や、お金や成功を手に入れるための動機や、きっかけとなっている感情に結びつく体験や、底に溜まった『本音』の方がエネルギーの本体であるため、

いくら慎ましく、『縁』を有り難がり下手《したて》にでていても、
あなたの肚《はら》の中は見え透いていて、目の前の人があなたのその肚の中を、何かの言動や、嫌な言われ方や、態度にして、あからさまに見せつけられて、
『今自分が何を出しているか』をすぐに受け取らなくてはならない…
そんな時代がもう始まっているのです。

口を酸っぱくし、落ち着いて心を磨くようにと云って、自分を律し、いい事をいつも起こしたいのなら、
豊かさを感じるため、胸の内、肚の底、
そして頭でグルグルと迷走させている一日の思考のほとんどを、質量のある感覚にして取り出し、
天高く放り投げ、爆発させて、光の粒子に変えて自らへ戻す。

掃除、身支度、いつも清潔にし、
溜まらせ膨らますような家の押し入れの中まで綺麗に片付け、

陰気を排除し、盛り塩、清酒、聖水、
庭に榊《さかき》や南天を植え、
『結界』という、
見えず自分に干渉する電磁波、ミリ波、赤外線熱、ラジオ波、超音波、高周波、重低周波、そういった交錯するエネルギーを遮断し、
卑しい人間の念や、肉体を持たず意識として存在する低い振動エネルギー体や、動物霊などの人により安寧を奪われた生命の怨念化した意識体や、悪意あり近づき、変調をきたした人の意識に繋がる低級の宇宙存在たちから仕切りを付け干渉されぬように『バリア』を張る。
そうしてもうこの世界の最先端の進化を本気でしてゆかなくてはならない、そういう時代となっているのです。

優しく諭し、「あなたはそのままで素晴らしい存在」だと言われ、
あなた自身に卑屈なものが残っていても、
それは『あなたの個性であり、特別なこと』と安心をさせ、

「ほら、お空の雲は何に見える？

龍神さまが、お姿を現わしていますよ」

「ほら、お花が活き活きと華やかに地球を彩り、
光溢れていることに目を向けて！

そうよ、あなたもこのお花や小鳥たちと同じ存在なのよ！」

「気のいい、この神社で、大きな光に包まれて、高い存在が降臨されて、私にこんな言葉を下さいました」

「大天使がいつもそばで私を励まし、こんな言葉をくれています」

大きな、大きな間違いをたくさんの人が、まったく疑うことなく、

『氣』を誤解したまま、『宇宙の真理』を誤解したまま、

完全な悪魔の、囁いている言葉に心を奪われて、時を無駄にしています。

宇宙とは、振動するエネルギーとようやく解り、心の安寧は、振動数の変革により創られると、波動エネルギーを高めるため、周波数を変えて『新しい知性の仲間入りができる』とそれだけを信じ、サポートすることに利用するのなら効果はあっても、

振動を変えるだけでは、覚醒は起こすことはできず、

世の中をよーくご覧になれば解る通り、

地に足をつけまっとうに生きている人に、年がら年中鐘の音を聞いて周波数の変調を起こさせ、瞑想により貧弱な土台のない意識で、浮遊霊のようにゆらいだ真核は、意識として完璧とは認めてもらえません。

自己満足を『覚醒』とは呼べないと、厳しく云わせてもらいます。

『人間』という、かつて奴隷として生みつけられた意識体は、『証』という神格を持ち現れた霊体波動とは違うのです。

日本という國が、なぜ『光』表わす『日の丸』を国旗とし、
ひとつの丸を象徴しているのか？
光在る神国は、天津天と繋がり合い、この地球上に神々の意識を中継し、
人成りとして姿を現わす『神子《みこ》』が生まれやすい、いい場所を作り、
そうして『日本民族』となって生まれ存在するあなた方は、『意識体』として存在し、
見えぬ意識で繋がりあい、心を結んで存在しています。

『悪』と『善』
『闇』と『光』
その二元の性質は、古く語られるムー大陸、レムリアの宇宙文明によりもたらされた『愛と悠久の希望の証』とし、
人としてこの地上に最初に降り立った霊波動が、
物質化して現われし姿となったヒューマノイドタイプの発光体か、
アヌンナキと自らを呼ばせ、地球上に帝国文明を初めて起こし、たくさんの奴隷

として働かせるために造った『人間』という、陰核に『恐れ』を植えつけられ、姿としてまったく似ていても非なる存在か、あるいは破廉恥極まりない聖職者に乗り込んで、暗黒の支配者をこの地上に誕生させているドラコニアンか、
諍《いさか》いばかりを起こし続け、人間との交配によりアジア全域に手を掛けて、オーストラリア、ニュージーランド、アフリカ大陸に資産を設け、華僑という古くからある遺伝子として繋いでいるアルタイルか。

カバール、ディープステート、イルミナティー、フリーメイソンといった秘密結社は、あまりにも莫大な資産を組織を広げすべての情報に繋がって、社会の表も裏も牛耳り、そのため人間社会は意識を剝奪され、考えもせず、全てをメディアや通信による情報が人工知能により集積され、隙間なく思うつぼに乗せられて配信されていることにすら気づかずに、悪意ある仕掛けを、さも見つけたかのように公表させ、そうして人々を情報に釘付けにしていること自体全く気づかれることなく、歪ん

だ意見を戦わせ、
『愛一元』から増々遠ざけていることにすら気づくことも疑うことも出来なくさせられてしまいました。

『阿修羅の怒り』とは、天津天に逆らい、自然の摂理ある大きな仕掛けの一心象を変化させ、
乱れを起こし、流れを組みかえ、光ある者を蔑《ないがし》ろにし、そうして苦しめゆく者をとことんまで追いつめてゆきます。

核の数千倍の威力をもったアメリカ国防総省の誇るＨＡＡＲＰ。
気流を磁気波で作りだし、深刻な気象操作、人工地震は、この磁気波に電磁力と超音波を掛け合わせ、活火山のアトムという蟻《あり》の巣のようなマグマだまりに衝撃波を加え、
ガスを抜き、隙間が生まれたことによる地下核の動きがプレートと呼ばれる土台の活断層という、そのプレートの傷のようなものを動かして、

太平洋沖にて起こった東北の地震や、熊本地震、スマトラ沖や、ジャカルタなどで何度も実験を繰り返し、そうして威力を確かめているのです。

日本の国土は、アルタイルにより、
山林、地方の水田や畑、観光地の古い歓楽街や商店街の買い手のつかない土地建物や、水源地などのある場所を買いあさり、
至る所を日本の法律の行き届かぬように、自国の法律を作り、それを勝手に振りかざし主張し、取り上げてゆくために着々と準備を整え、もうあと数年でそれは完璧に作られようとしています。

不幸にも、大戦の終結の後、GHQの指導の下、暗黒の支配下に置かれ憲法を改正されて、他の国が土地を買う事の規制をかけ管理することができず、本当の意味での終戦は預けられたまま、その中で正しい情報をきちんと聞かされることのない国民は、自分の国がどうなっているのかすら公に知らされることもございませんし、

それを確かめようと、また、そこに抗おうとしたとしても法に阻まれ、また、栄えようともそれを何らかの理由をつけて、勝手な言い分と解りつつも死活問題となる国と国民の安寧を奪われぬため、安全保障の条約に従い堪えねばならず、息を潜めて生きてゆくよう仕向けられているのです。

『意識』を育て、【あじまりかん】により、『神成り』を、この日本人の中の二万人くらいの発揮よく大らかな氣で興してゆけば、民族の本領は発揮され、天皇の大きな力を助けることで、太平洋戦争時に起こされた、祝詞奏上によるアトラス界に渦を興し、次空を操り、無量の偉大なる力で戦闘機を消し去ったときのように、一磁進の真《まこと》へと強く戻し繋ぎを起こしてゆくことができるのを、特別簡単な方法で、人生も豊かにし、世間と切り離さずに、霊格高き日本の民に強く知らしめて、本気の『愛一元の世界』を実態として顕して欲しいと、切に強く心に植えつけたしと願います。

大国主の詔　～おおからい～

（おおからいとは、福を受け取る前に、神の御前で落とし前を付ける心の戦いのこと。このおおからいにより、自分の中の宿儺《すくな》と呼ばれている悪鬼を倒し、大神と共存する社になる）

この本は、おもしろ可笑しゅう読むもんで、それを手にし、準備のできた者から『大神成』を目指すように皆一様に導かれ、『我』を抑え、意識をもっと高めてゆこうと思うようになってゆくんじゃ。

寛容な心、音を消し、いい言葉を使い、満ち満ちた感情になる。

そうして『あじまりかん』を使う。

なんと簡単なことじゃ、皇命《すめらのみこと》の大仕事をたったこれだけで代わってやることが出来るんじゃゃ。

救いの道は、天界と自らの意識が繋がり合うこと。

素晴らしい感動をいつも味わう。

坦々と目の前のことをやり、感謝すべきは自分の御霊と解り切る。

たったこれだけなんじゃ。

だからといって言いつけて今の自分にさせても無駄じゃ。

なぜなら、憂いの感情の本当の底に眠る一番底辺まで出し切ることが出来ねばならんからじゃ。

今の者《もん》なら百年未満の一生をかけて人生を生き、それがようやく最後に解るようになって、

「あぁそうか、これを気づくために今までが現れておったのか」となったとして

も、それでは今世を生きる意味がないんじゃ。

もう次の転生はないからのう。

大いなる源と混然一体となって、それこそが自分自身の中に収められた感情を生むその魂なんじゃと解り、頭から地面を突き抜け光の柱が入り、輝く光がその感情を生んでいる御霊へ注がれて円放射していると印象付け実感し、そうして卑しい過去に作った感情をすべて出し切ったあと、いらぬ情報を全て断ち切ると、原因となって意識を落としていた根底がひっくり返され出てきた時が、一番の苦悩の時じゃ。

『おおからい』と呼んでおるそれが破滅を呼ぶほどの感情を爆発させ、怒りで狂いそうになる。

自滅を起こし、もっと自分を苦しめて息をすることもできん。

人くらいの意識で生きて付けた、そんな簡単には割り切れん、まさかの強い悪意が自分の心に湧いてきて、自分事と禊払いきってこそ、『神成』となる光の柱が入るんじゃ。

『我』というもんをすべて捨て去り、人間道に入り込んで付けてしまった最後の悪鬼を内省し、「こんなところまで自分の感情を貶めておった」となんとも悲惨な魂を救う決心をし、ひたすら自分を映す。

その相手と対峙《たいじ》して「この相手こそ自らを映す鏡」と解り、心から詫びを入れ、本気の禊をさせてもらうんじゃ。

さらさらと何かが崩れ去り、お互いの心が慰められ、やがてはっきりと気づくじゃろう。

「あぁ、ごめんなさい、ありがとう」

清らかな心で素直に笑みがこぼれる時、最高の自分へと繋がれるんじゃ。

封印のかけられた『あじまりかん』

『あじまりかん』を使う時、福々となれぬ心を戒めながらそれを言っておったとしても、当然良い方へとは繋がってゆくが、悪鬼の取れたその神成が、光の柱を通し『あじまりかん』を使うとどんなことになってゆくのか。

問答無用じゃ。

『あじまりかん』には封印が掛けられており、

悪意あって使うも、良い心で使うも、それには霊力が顕われておらんなら何べん唱えてもありがたいことが満足いくところにまではなってゆかん。

自分は円放射する光と解り、少し濁りが取れ始めた頃からやっと本陣と御霊が共振し合い始め、なぜか分らんがいい事が起こり、特別な条件や、嬉しい出来事が現われ始めるようになる。

しかしこの大神呪、本来使えんように、高御座《たかみくら》に預けおかれし神官などが特別にして使う事しか許されておらんじゃった。

その理由とは、この『あじまりかん』という音魂の真言は、長い歴史の中で日本という国ができるもっともっと昔から、自然に起こされる智藏の雷《いかづち》や、大嵐、活火山の大噴火、日照りや大雨、地下核の息を抜く大地震…

そうした大自然が起こす命の息吹を治め置き、鎮め、または発現させ起す力を内包させた長い呪文を何万という文言の羅列により繋げる祝詞数万回を、たったの一言に詰め込んで、

恐れ多くも畏《かしこ》みまいる、その後ろ暗い半獣に進化を止められるとき、難儀を背負い日本という国のあらましとなる礎が侵され崩れようと成される時、

『あじまりかん』が世に与えられ、

始まりの時、本領発揮する者が集い、この日本の國體を守り、互いを支え尊厳を持ちながら栄える、本物の『愛一元』の預かる世界、『弥勒』を観る六次元の意

識総体に結ばれし進化した地球を生きる、感覚の開いた者が集まる性質世界を、ひところに集い繫ぐため与えられし目的ある言霊祝詞。

大神呪との名の通り、大きな力の強くつけられた呪文、既に魔法のかかった言霊なんじゃ。

憂いの晴れた魂で『あじまりかん』を千回、二千回言い続けてみなされ。

神成なら弥勒の門を入り大神成となってゆき、大国主や八百万、全ての力が備わって、おもしろ可笑しゅう発揮良く、もったいないほどの良いことが多様に無用、本領発揮することになるんじゃからのう。

しっかりと世の中を観て、今どんな苦悩が作られて、人が彷徨い歩いてゆくよう仕掛けられておるのかくらいは、解るように賢うならんとなりませんぞ。

いいですな。

大国主の詔　～『あとかいし』と阿修羅の怒り解く『あじまりかん』～

最高の叡智とは、満足を味わう心を持った者に顕われる。

大きな『氣』で作られたこの本は、『証』のついた光の本として、人間の生き方を耶蘇信仰《やそしんこう》に繋いでおったこれまでの神界に繋がれなかった者らを、もう一度高く意識を上げさせてゆく『神氣』をつけて送りだされてゆくことになる、文句なし、一磁進の『氣』のついた大変に格の高い指導書となるんじゃ。

今さら云うのもなんじゃが、これはお前さん（著者）が書いたもんではのうて、『在る』という現象を起こす理《ことわり》を動かしておる大いなる力が書かせたもんじゃ。

もし仮に中身がどうでと言われても、お前さんの知識だけでこんなこと書けるはずもないことで、言われて間違いということはないし、観るも聴くも、その内側の問題意識なら、それは読む側の内面に持って奥に隠して居る心の表れであって、読んで感じ取ったものが感動として起こされて、腑に落ちて最高を感じるならばこの話を理解できる物実《ものざね》ということなんじゃ。

きちんと心を磨いていれば、この本の中身が何を云っているのか、思考して知ったことは三次元。神波、霊波を感じて取って読み取る心が六次元なのじゃから、もったいない話じゃ。

文句を言われようと批判されようと、それは三次元の知覚の観点から受け取って読んだ者の心の感度の問題を、今すぐ改め分からなければ、

「この本はあなたには必要がなかった」

たったそれだけで、議論の余地などありもせんのじゃ。

【あとかいし】。

『あとかいし』という、天界が覗き見る下界が映る仕掛けのことは、まだこの中

では語っておらんじゃったのぅ。
この話は、荒ぶる神に狙われておる人間道へと陥った者を観て取るもん（あとかいしという天界の装置のような仕掛け）には、往来を歩くほとんどの意識に氣の濁りが表れていてのぅ、
鬼神たちはその歪んでしぼんだ幽郭《ゆうかく》を持った『物実《ものざね》』に、卑屈な意識をたからせて、肉体の精気を吸わせ、淀みを起こし、いつも氣が抜かれているもんじゃから、人とあいさつを交わしたり、氣を上げたいい環境が合わんようになっていって、氣の濁った人氣の多いところに出入りし、お金を使い慰めに酒をあおって氣を紛らわせたり、女子《おなご》に憑《つ》いた鵺《ぬえ》をあさりに欲情を掻き立てるような場所へ入り浸ったり、そうして乾いた心をもてあそばれて、愛を分からん者《もん》同士濁りを憑けおうて、執着心を燃やし続け、満足を分からん者《もん》はなお一層分からんまんま騙しの手口にまんまとかかり、穴埋めばかりしておる者《もん》は自分の心の穴埋めを、ギャンブルや、パチンコや、食いもんや、たばこや、そんなもんに依存して起こして、氣の荒れた『自分』というもんの正体をいつまでも観えん世界に蔓延る餓鬼童・畜生に乗っ取られ、好き放題のさばらせ、もう頼る『物実《ものざね》』も失のうて、己を

『思考する脳みそ』だけに頼り、
不必要で有害な情報ばかりあふれさせておる世の中に取り残されんようにと必死になってその情報を集め、一日中興奮している状態を作り、不眠や、過敏症、麻痺を作ったその体を何とか動かすため薬や気付けを起こすカフェインなどを取り続け、さらなる脳の興奮を作り自律神経を狂わせて、極度な緊張を抑制して振り切ると、とんでもない失態を犯し始め、
大きな事故や、事件とさせてゆくことに繋がり、自滅を余儀なくされていかなくてはいかんようになってしまう。

『あとかいし』と云っておる、人の行く末に阿修羅の怒りがつけられた者《もん》が映される仕掛けは、
人として生まれはしても、この世の観えん世界にある『霊格』という六根清浄《ろっこんしょうじょう》を磨いてどれだけ起こしておるかという差を魂につけ、
生きた人間に何がついておるかを意味して格付けしておる『六道《りくどう》』に照らし合わせ、魔のついた世界にのさばる地獄界から這いずり出てきた一番下は餓鬼つきと

なり、浅い知恵で人の意識をたぶらかし、卑しい蛮行を起こさせる動物の怨霊のついた畜生となり、氣の荒れた者《もん》が因縁つける修羅のついた外道となって、人との間に争いや競争心をもって生き、肉を喰《は》み、氣の世界の分からぬ我欲の多い人間となり、「我《われ》が、我《われ》が」と騒がしく、そうしてやっと肉体に限界があることを知り、

『氣』というものの実体を分かって生きる人となり、観えぬ世界の掟や決まり、そういうことに感度が上がり、丁寧な禊ぎを起こして仕切りをつけられ、導きが繋がりお蔭の働く『神成』となるんじゃ。

餓鬼道、畜生道、修羅・外道、人間道、人成、神成。

誘いの多さは下に行けば行くほど多いもんじゃ。

誘惑を断ち、侵害を受けず、自律する。

魂の修練は、この霊格の段階を最終的にお蔭の働きを援護として受け入れられる器を『神成』にまで上げてゆくために、人は一生をかけ、禊ぎを起こす気づきを求め、この肉体を持ち、縁を繋ぎ、体験を通し完璧になるまで意識を繋げ、何度も何度も生まれ変わり輪廻を起こすんじゃ。

意地の悪い者《もん》が長生きし、良い性格なら早死にするとよう聞くじゃろう。

真管を通し、魂を活動的に沸かせ、氣丈にと云っておるその氣丈とは、氣を丈夫にという意味を持ち、磁気を発する肉体のその微弱電流は生体電流と呼ばれ、生きて呼吸し体に酸素を送り込み、内側で変換されたガスを吐き出して、口からは栄養を取り、腸内で分解されたものを吸収させ、力を強く起こすための様々な信号を送る素となる脳内ホルモンとなり、副腎《ふくじん》からは環境に耐性のつく物質を出し、神経叢《しんけいそう》を行き交う信号は体の機能を実際に完璧にして動かし続け、『氣』というものは、その全身を巡る磁気と電気の循環がどのように起こされているのかで変わってゆき、

丁寧に毎日気分よくして掃除や身支度、食事や考え方、そういった当たり前を最高にして起こすよう努め、意識をいつも自分の心の『在り方』として求めている者と、

高をくくり、大したことはないと、睡眠や、食事にも気を遣わず、目障りなものに囲まれて整理することもせず、見える自分一人のことに「こんなもんじゃ」と

あてがって、住まいや衣服に不満はあってもあきらめて、努力というものを怠り始め、つまらない比較ばかりを自分と誰かにつけながら生きておる者《もん》と、そうして、その低い意識の度合いがどれだけ下へと下がっておるか。

それ、意識。

意識とは人の心の『物実《ものざね》』がどういう状態で存在し、確固たる自覚をもって自分を表しておるのかの態度のことを云っておるんじゃ。

弥栄《いやさか》の國日本に、伊勢をはじめ八万社ほど神社庁に登録され、毎日朝夕祝詞を上げ神界を開き、この地上にアトラス界を現わしておっても、人成りは外道へ繋がり、その現れた神界すら外道以下の意識の濁りで喪屋が張られ、光に届かん世の中となってしもうておるんじゃ。

太陽神のイシスの教えは、八百万アマテラスのことを崇める日本の神道に直系し、大国主の治めておった『中つ国《なかつくに》』とはこの地球上の三次元界を意識によって起こし創る現象世界のことを云っておったんじゃ。

鬼神たちが蔓延って、もう何人もの使者を送っても皆その便りを怠って、『中つ国』に蔓延る鬼神の操る妖に真核を乗っ取られ、戻ってくることもない日本神話に登場する『みやまの喪屋《もや》』は、お前さんがた人間の起こす我欲や欲望、情念の意識が作った悪意ある嘗胆《しょうたん》の表れじゃ。

『あじまりかん』は、天津天界が最期に送り込んだ高御座《たかみくら》に置かれし三種の神器のうちの先の尖った宝剣宝珠。

氣を浄化する魂を人珠までにあげ、鏡として磨き上げ自らを映しとり、そうして最高をみやまの喪屋をその宝剣にて切り開く、天津天と意識を繋ぐその宝剣を突き立てて、天と繋がってゆく。

こんな世になってゆくことがあってはならんが、あっても心を穢すことなく、必ずや、この弥勒へと繋がる知性を忘れずにまた日本へ生まれ、最高を創る。

それが日輪に繋がる真の意識。

たまたま生まれてきたのではない。

今、この時を目指し、そうして意識を覚醒し、進化を起こし、最高を味わって、弥栄を生き、弥勒へと繋がる。
そう分かってこうして皆一堂に現れたんじゃ。

おわりに

在るという世界。

宇宙とは、内側に拡がる意識の性質世界なら、ひっくり返せば人生すべて丸ごと変わってゆくという、自らの意識を単純に理解して変えてゆくための、魂の進化のために書かされたこのメッセージを、特別なこの地球の混迷の時代に与えられました。

あじまりかんという、古神道の呪文の封印を解き放ち、導き預かる、この**日本**という霊格高い者の集合意識顕われる國に、**弥勒**という、三次元の物質世界と、もう一次元、時間次空を加えた四次元の性質以上につくられた六次元の超感覚的性質の世界が開かれて、この地上の上に天界が降り立ってつくる**神成**《かんなり》という神格を持った霊体波動集まる世界は顕われています。

これより日本は、混沌とした現実を歩まされゆくことになってはいますが、この**一磁進**という、古神道の祝詞の音魂《おとたま》の振動が起こす象顕《しょうげん》を創り見せてゆく神界の集合意識は、私たち、**日本の國體**《こくたい》という、国土や文化圏とは全く異なる意識体としてあらましを成している、『大和魂』『侍魂』として表現されるような、神道の本流、宇宙神との確信的な繋がりを、道徳やその教えを作法や躾として育んでいる道の精神に由来する民族意識を繋いでいる集合意識そのものに完全に一致してそれは我々一人ひとりに繋がれています。

その真実を、心の憂いをとる一磁進道にはじまり、興される現象を検証し、弥勒へと本当に入っていただき、次元のまったく異なる世界に生きることを皆さんに実態として興していただき、**神成**の本領を発揮していただけることを、実際の人生の中で多くの試練を乗り越えまして、実証し現在に在る私自身、そしてこれら**一磁進**の教えに導かれ、既に体験している仲間たちと共にお待ち申し上げるしだいです。

よきこと顕われますことに、はずむ息、ためらいなく、
大いなる源と一体となって、心あれ、あじまりかん。

二〇二一年十月

宮本真理子

もしこの『一磁進　魂の教科書』が、読みづらく難解……という方は、ぜひ、早速、宇宙祝詞やあじまりかんを唱え、浄化のワークを二～三日続けた後で読んで頂きますと、不思議なことに内容がよく理解でき、すぅーーっと浸みこむように入って来ると思います。

追加資料

【進んだ知性集団（高等生命体）の集合意識が存在する次元空間
～アルテミス界～】

★新生レムリアン（後のガイアアース）15次元

太陽系惑星の進化を促し地球磁気を高め、今新人類が入れ替わり棲息を始めている地球の新たな人類が転生してくるところ。

大きな転機が今最高にして訪れ、魂の選別が起こされて、高い意識で憂いを祓い、肉体ではないエネルギーとしての性質で存在することを選択し、それを感じることができるようになった者たちと、高次生命体のウォークインにより3次元の性質世界に生まれ、その重力の影響を受けず、意識体としての純化を起こした者たちが、共に進化し共存し特別な条件を満たすと、『神成』という大神の預かり置く真核を作った者は、『弥勒』という神界の顕われた性質世界を人間の中を離れ実態として生きるようになり、一生を終えると、幽界ではない高等生命体の集合意識の中の一番高い中に置かれた『新生レムリアン』、のちに『ガイアアース』と呼ぶことになっている次空に意識体として進展して入ることになっている性質世界。

【宇宙連合・高次宇宙意識生命体】

進化を促すため、今、宇宙全域に影響を及ぼしかねない地球人類の真核の低い支配層を一掃し、太陽系惑星の安全のため、そして、改められる地球の新次元の幕開きにふさわしい新人類の進化育成と共栄のために尽くしている意識体たち。

★アシュタール（金星種族）12次元

金星で唯一進化を起こし、高度な知的生命体の有志によって作られるシリウス系の宇宙連合軍の中の、太陽系惑星連合軍のトップに君臨する『アシュター司令官』を司令塔とし、明るく仲間意識の強い意識体で、今回、地球人類の進化の過程においては、たくさんの人間の意識を目覚めさせ、特に欧米人の救済に尽力したのはよく知られています。

『アドミッションサポート』と言われる、いわゆるアブダクションにより、人を意識で本領の覚醒を起こすための浄化をするために、艦隊の母船へ収容し覚醒のきっかけを作ってもいました。

しかし、この宇宙の進化を良く思わない、地球を支配している『レプトゥリアン』や『ドラコニアン』と、中国大陸で繁殖した『アルタイル』に途中で乗っ取りをかけられてしまい、この地上での計画は完全に遂行できないまま、今は地上から離れて計画を遂行しています。

今以《もっ》て自らをアシュタールと名乗り、今地上に進化した生命体として現れているものの多くは、アルタイルが《ヒット》して乗っ取った知性であり、真実を見せぬよう、卑しく金銭の授受による半獣的感覚のままで、依存や不安を祓い清め終えていない濁りを付けた魂のまま、何か見えぬ存在との交信や、宇宙語などを使うことで周波数を同調させ、本当の真実ではない情報を与えている者らである。覚醒を商売化している者や、見えぬ知性との交信をいつでも簡単に起こせるとして強いエゴでつながる者、依存によりタロットカードやオラクルカード、天使のメッセージなど大変簡単な占いのような気軽さで交信を受け取る者は特に気を付けておくように。

今は情報は一括し集積・解析され、ＡＩが予想する人智を、未来を明るくするとして信用させ見せられて覚醒をさせないようにしています。

《補足》

アシュタールについては、本当に信頼置く高い知性ではあるものの、有益な情報が、アルタイルがヒットしたことにより、この精神世界や宇宙の真理を明かす魂の神秘を解き伝えるスピリチュアル業界のほとんどの情報は奪われて、進化を止められるように仕組まれた話に作り替えられてしまいました。

これは１９６０年代、ニューエイジと呼ばれヒッピーやセレブの間で特に流行した降霊術により、ラーやハトホル、イシス、イエスなどを呼び発言させて、のちに大天使を呼びつけるとそれは他人の意識を乗っ取って、新しいタイプの成功哲学や自己啓発に付け足され、才能を伸ばす知恵として世の中へ広まってゆきました。

たくさんの欧米人を導くというのは、もともと半霊体ではない人間奴隷として誕生したヒト型ヒューマノイドの恐れや苦痛を晴らし、自然体でいることで調和の中にある生命体となり、意識を覚醒させ、たくさんの洗脳を解いて人間奴隷をやめさせるために、救済措置として、太陽系随一の知性を誇り、明るく、本当に仲間意識の強いアシュタールにより洗脳を解くための知識を与え、アブダクションによりＤＮＡを更新し、タイプの違う人間を作ることで人々を先導してゆき大勢を目覚めさせるのが目的でした。

しかし90年代初頭、悪魔と接触しているセレブ達の間である話が持ち上がります。

「自分は遠い星プレアデスから来た。この地球に美しい自分の姿を華やかに見せ、地球人を楽しませるために…」と、地球の中での嫉妬や競争が宇宙の規模まで膨れ上がり、「ならば私はシリウスの知的生命体で、実はこの姿は仮の姿。本当はこうした高度なテクニカルなことを以前転生していたシリウスではしていた…」など、そのうち生まれ来る知的生命体が『スターシード』と呼ばれるようになり、本来とは全く逸脱した話題性の中から、「アシュタールという金星種族は特別で、交信することができ、宇宙の知られざる神秘的事象をこう説明して、あと数十年後に大変な世になって人類が滅亡する…」などといったうわさが広まり、実体として今、歩みが遅れ、憂いを持った者が卑しくすがる宗教にも似た宇宙の大転換を売り物にする大きな市場を作り上げているのです。

情報は巡り巡って、すべては通信網の中にあり、今から先の特別な事象に関して以外はもうどの情報も同じで、真理は解き明かされて、今その真理をやっと人々が理解できるところまで知性が高くなってきたということ。

しかし本当の進化はそれでは起こすことができないのにそのウキウキやワクワクといって心を上書きし、本当に重力のかかった意識に眠る体験が作った感情のエネルギーが解放され自らの中に信念として植えついている邪悪の真核が芽ごと摘み取られなくては、今の現実世界では洗脳の中から出てゆくことはなく、一生安寧し恵まれることを起こすことはないのです。

★シリウス　11次元

宇宙の多くの知的生命体たちは、今特別な任務を背負ってこの地上に残り、進化をすべく集まっています。

特に日本人のルーツともいえるYAP遺伝子と呼ばれる遺伝情報は、もともとアヌンナキと呼ばれ、この地球に最初に降り立ち人類の始祖となった者が神聖な誓いを持って、半霊体として初めての人類として現れたことから今の人類が起こっています。

長い時間本当の神話が隠されて、史実に残されているものの多くは、アッカドのシュメール人の残した石板に書かれたことに端を発して推測し研究されています。

進化系地球人となれるのは、今この地球の磁気が騰がり、見えない領域をテクノロジーの進歩によってより信号的磁気を使い始めると、人間が二つの意識に分かれ始めてゆくようになっているので、元々波動体としての性質が強かった方の遺伝子情報を持つものは必然で同調でき、憂いを手放せばまず間違いなく進化できるのです。

シリウスはレムリア文明をプレアデスと共に興し栄を作った、その地球の人類の祖先の星。

導かれ、この日本という神界の張られたところに、そのレムリアの知性はいつも転生してくるのです。

シリウスの知性は、本当に感情の起伏の無い冷淡なタイプと、格上の進化を遂げ意識を超感覚的にして研ぎ澄まし地球に転生して、この度の進化を先導する立場で生まれている者の二つのタイプがいます。

工学的な進歩は、『シリウス系のb星』からの転生で生まれ、天才的な知性で、この地球の文明の大きな進歩に寄与しています。

医師、看護師などの職業に就くものにも多く、冷静な仕事をすることができるのはそのためです。

工学分野、機械の技術的進歩は、今や宇宙の原理原則を読み解き、この3次元の限界ある性質の条件の中で再現できるところまで進化進展をさせ、宇宙の真理に相反する闇側の別の世界の完成をもはや極致に至るところ。

大変有能であるあまり、卑しい者たちの発展にうまく利用もされてしまっています。

大いなる宇宙の進化した文明が、これまでの長い歴史の中で創られては忽然と消えるのは、このテクノロジーを進化させる勢力が破滅的種であるため、到達すると争いが起こり奪い合い、消滅をしてきています。

そうしてこの地球上に興された文明がいつも途絶えてしまうのを、今回一部の集合意識が興す文明ではなく、地上世界が情報網に包囲され、西と東で分断され、二つの勢力が地球の利権の全てをかけて争いを起こしているため、またすでに人間は洗脳操作されこの地球の存続すら危ぶまれてもいることから、3次元を凌駕するエネルギーの性質世界を生きるため叡智とつながりを持って、意識の変調を起こさせているのが『シリウスａ』で、こういった信号波を読み解き、半霊体として生きるすべを伝えに来ています。

感覚を研ぎ澄ますことが、特別に訓練をしていなくても真管を通すだけで叡智と繋がりやすいことと、単純に宇宙の真理を読んでしまう知性の高さは、悪意ある卑しい者を見透かし見破るだけでなく、その本領にのさばる後ろ暗い心をエネルギーを解放し表へ出してゆく力もそなえて、実際に人の中で人選をする立場としても現れています。

★アルクトゥルス（9次元から5次元に意識の周波数域を変調させて存在しています）

アルクトゥルスに関しては、いい感性を持った素晴らしい意識体で、『ある』という宇宙の再現を、この地球上の3次元の物質化される状態というよりも、『個』としての分離した感覚で感情を味わうため、愛の召喚を体感を通し感じることを楽しんで、同時に地球種族の進化を手伝うため、この地上部隊としての作戦を遂行しています。

意識体としては9次元の高い知性であり、『ハトホル』や『シンラー』のような大元霊との意識のつながりも持ち、今世を最高の進化のためにこの地球上に転生してきた知性集団の『レムリアン』を、憂いをなくす様々なライトワークというエナジー調整や肉体を癒すヒーリングなどで、進化のための負荷を減らす手伝いを直接にして実体として起こしています。

暗い過去からくる思い込みによって自尊心を傷つけて自分を抑圧するのを解放させて、感覚的に、軽やかに、自然に意欲を起こさせて、意識の覚醒を促す役目を担い、地球人類を進化に導いてくれる頼もしい存在です。

気分を上げ感情の高まった、愛、調和、希望、最高の喜び、美しさ、開放感、感動など高揚し、満ち足りた安心感を純粋に味わう高い神格で、進んだバランスのよい穏やかな意識体で、信頼できる唯一の知性と言って過言ではありません。

薄い人影のように発光してこの地上に存在しています。

この9次元と5次元の感覚の違いは、地上で最高の6次元と、分離の3次元を体感する地球人類が、今、意識で変調を起こしてゆく過程と同じであるため、特別にしてきっかけをもたらす改革者です。

【今後、新人類計画で地球に生まれ新しい時代を作っていく知性の高い意識体たち】

今からおよそ80年後には、愛一元に改められた地球に進化します。その時に至るまで、現在、地球種族として棲息している旧人類を覚醒させて共存しながら、教育の在り方を変え、政治改革を起こし、尊厳を与えられた世界の実現に向け、人類を切り替えるため生まれてくる新たな地球人たち。ある一定期間、集合意識として20～30人に一人か二人が生まれ深刻な地球を変えることに尽力しています。

特別なこととして、多くの人間はこの子供たちによって目醒めが起こされ、大変なことを強いられるかもしれませんが、隠されたアイデンティティを思い出し、自尊心を持ち進化できれば、確実に今からの生活や対人関係、お金、仕事からくる悩みがなくなり安心して生活を送ることができるようになってゆきます。

★アントルークス　15次元（現在30代半ばくらいから10代後半の世代に多い）
光は強くないが、心の憂いが全くなく透き通るような瑞々しい魂であり、『クリスタルチルドレン』と呼ばれる聖者の魂。

フォトンベルトの巻かれた中にあったある一定期間（20年間ほど）集団で地球上にウォークインし、新人類の起こりとして現れて、人間に尊厳を与え、愛に目醒めさせ、あらゆる社会の闇を炙り出し浄化を起こした。

体系的にすらりとした端整な顔立ちで、中世的なタイプが多い。

繊細で優しく、幼少時には大変賢く利口なので周りは期待するが、幼稚園や保育園などで集団教育が始まるとそれは一変する。

それまでの人類よりエネルギー体としての性質が強く、内面の感情をそのままエネルギーとして他人から感じ取ってしまう『エンパス』と言われる性質でもあるため対人関係に敏感に反応し、怒りや恐怖心などといった、もともと持ち合わせていない憂いの感情に対処できず悩み始め距離を置くようになる。

引きこもり・不登校・いじめ、虐待の被害者（殺害されることもある）・自死・自傷行為・トランスジェンダー・重度のアレルギー、アトピーなどで、社会の格差や差別、環境汚染、食品公害などを社会問題化させ根底から実情を変えていった世代です。

★ベガ　11次元（現在12～13歳～生まれて間もない1～2歳くらいのお子様に多い）

オリオン大戦といわれる宇宙侵略戦争の発端となる、宇宙のならず者アルタイルと敵対し、悔しくも敗れ、その屈辱を晴らすため今現代に次々と生まれている。光の強い高次意識生命体で、太陽より光が強いことから『レインボーチルドレン』とも呼ばれており、大変明るい性格で多くの人を引き付けてスター性を発揮します。

物事に対する好奇心が強く、また光るものやすばしっこく動くものに興味が湧きやすいので、対象物を見つけると一目散に走りだすこともあり、小さいうちはかなり注意深く見守っていなければなりません。

面白いと思うことを一途にして自由を奪わずさせることで、子供の安定した気分を作ることができます。

聴覚が特に発達しているため、聞こえない領域の音にも敏感で、落ち着きがなく言うことを聞かない子どもの多くは、うるさい音楽や警報音など、都会の雑踏の中、騒音、テレビ、ゲームなどから出る信号波、CMソング、そういったものにより益々落ち着きがなくなっていくので、生活環境の見直しをすること。

刺激を与えすぎないように心掛けを。

将来の社会を、都会暮らしではなく、豊かな感性を育む落ち着いた暮らしに導くため、社会制度・教育を完全に切り替えさせてゆき、現人類のエゴや見栄を表に出し切らせて感性を磨かせてゆく。

天才的でスター性もあることから、若いうちから各分野で活躍し、将来的には、政治や経済にメスを入れる次世代リーダーとなって根底から社会構造の変革をする役割を持ち生まれてきています。

★リラセントラル　12次元（現在1～2歳くらいに多い。今後7～8年間程誕生する）

神童と呼ばれるにふさわしい、落ち着いて品格があり、憂いなく穏やかな性格で、小さな子供ながら、親に教育される以前から少し大人びて、言葉を発するのも早く、語彙もあまりにも丁寧で驚くことでしょう。

強い意志を持っており、神格の高いスメール天使と同様に、半獣と呼ぶ卑しい浄化してない者を寄せ付けない雰囲気もあり、とても優雅で品があります。

とくにこれから新たな知性がどんどん生まれ、この地球の進化に合わせ、棲息する人類がすでに入れ替わりを始めており、進化した地球種族の雛形となり、霊格を上げるために生まれ来る意識体たちです。目的を持ち坦々と、明るく良いことをしてゆけば、この地球は特別な地であることを、今残り少ない人選にかかった現人類に教えるためにも生まれていることから、しっかりものでありながら自分のことを後回しにしている者や、愛情のある性格であるのに、生まれ育ちや自分に対する自尊心の欠如により良いことから離れている者や、高い意識であるが故、楽をして良いことを好まない性格の者などの余生を楽にさせるため、心を解放させることで明るい生き方をもう一度手に入れさせるようにしむけて、ご褒美の人生を送らせてくれることになります。

愛情をたっぷりかけていけばいくほど善人を救うために生まれる魂でもありま

す。

トイレの掃除や、不浄を片付け、明るく生き生きと過ごしているときっと良縁に恵まれ、このリラセントラルの意識を持ったお子様がお生まれになるでしょう。

つらいことがあっても泣き言を言わず、「あじまりかん」を唱えましょう。

★アステム　16次元

これより6～7年後から大勢生まれてきます。

太陽のような明るい側面と、切れ味の良い刀のような側面をお持ちのお子様は、中央アジア、アメリカ、イギリス、イタリア、ドイツ、イスラエルの一部に特別多く生まれます。

当然日本にも生まれてきますが、阿修羅とお蔭様がどちらも内面に鎮座しているというような、これからの地球にふさわしくない『半獣』を追い詰めるために生まれてくるお子様です。

例えば親や家族、学校の先生のような立場で子供と接するとき、対応の仕方や心の内側で隠している本音をその場で引き出してしまい、いうことを聞かないからと手を上げるところを誰かに見られ問題となったり、公開されるような状況でそれを引き出され、その人間の本性をあらわにし、そうして意識体としての成長の無いものに対しては、非常に辛辣な状況に追い込んでしまうような『念』をつけられてしまい自滅を促されてしまうし、逆におおらかに見守り安心を与えてくれる間柄であれば、満ち満ちた幸せをお蔭さまのように現せるだけのパワーを与えてもくれる、これからの地球人類を人選の最終的段階で決定付けするために生まれてくる魂です。

危機的な家庭や、自覚のない親御さんで異常なほどの執着を持ち、家系を理由に自由を奪ったり、熱心があまりに過ぎた子育てや過保護、子供に対する依存、育児放棄、また進化した知性である親御さんの禊と目醒めのため、強い辛辣な状況として、知的障害を持ったり身体機能の重度な障害を持ち誕生し、苦難を強いて愛をわからせるために生まれることもあります。

男性的な社会を終わりにさせてゆくとても重要な役割を持つ、大変強くたくましい、そして特上の知性集団です。

アルケミストとアルタイル。

この地球上で君臨する二つの低級生命体の子孫たちの根絶を直接的に人の中でしてゆく役割となり、今後30年ほど生まれ続けてゆくことになります。

★アンスール　16次元

このアンスールも同じく、アルタイルとアルケミストを根絶させゆくために生まれくる知性集団です。

メジロと呼んで悪魔を召喚してこの地球を悪一元に塗り替えようとしていたアーミンドルフィンが悪魔を召喚するときに、人の生き血を飲み肉を喰み、そうして意識体として完成された強い遺伝子を持った半霊体を破廉恥に穢し、卑しくさせてそれを戒める教育をしつづけ、そうして作られた人間種のドラコニアンは、ヒト型をした悪魔と言われ、赤い帽子に赤い靴を履き、宗教という隠れ蓑を使い、愛と平和を旗印に戦争を起こし続け、この地球を一手に掌握し、暗黒の支配を正当性を掲げしてきているのを完全に暴くために生まれて来る知性集団です。

あまりに高い知性のため、感情的な性格の者とは合わず、鋭い眼光と、智藏と呼ばれる宇宙の叡智をそのまま つないでいるように天才的な頭脳を持ち、気丈で淡泊、冷静なため、普段人は恐れを感じ、必要以上には近づきがたい雰囲気を醸し出しています。

日本人の誇りと尊厳を取り戻す時、日本人の元の知性に多いシリウスと似通うところもあり、曲がったことや卑しい価値観を嫌うため、将来日本の国政を担い、本当の皇の神子が集まりつなぐ『國體』が維持できれば、安寧を繋ぐ『神国日本』が甦り、塗り替えられたすべての屈辱を晴らし、世界中をけん引する大きな力を持って宇宙の信頼を取り戻し、正式に新生地球が宇宙連合の仲間入りを果たすことになっています。

もちろん日本にも生まれてきますが、宗教の隠れ蓑、テクノロジーの中心地、世界の主要石油産出国にも割合多く誕生してくることでしょう。

――こうした人類の進化がなぜ起こされるのか?

宇宙の真理に基づいて、意識というエネルギーにより線引きがなされ、この地球3次元は、物質化する性質は残し、愛一元の意識世界、6次元を擁する『弥勒』を表すことにより『お蔭様』と共存し、自らの中に社を興し大神と一体となったレムリアの民、ヤップの民と、進化した知的生命体のヒットした新たな進化系地球人が棲息する、宇宙で最も進化した憂いなき美しい惑星《ほし》、『ガイアアース』の誕生を起こすため。

そして、広大な宇宙の弥栄発展のための数万年に及ぶ大計画の遂行を決定付けているときだからなのです――。

宮本真理子　みやもと まりこ
3年前よりブログにて、これから進化をすべく太陽系の地球種族に向けられた大変重要なメッセージを発信し始め、対面での個人セッション及び、エネルギー体として進化をさせてゆくためのセミナーを全国で開催。
人生の落ち着いた生き方を指南しながら本当の霊性の目醒めを起こさせている。
自身も末期の乳癌から奇跡的に生還し、幾度もの危機を乗り越えて、現実を完全に変化させていった経験から、全ては内側の真実によって起こされていることを証明している。

◆ホームページ　https://www.athomeinclusive.com/
◆ブログ　https://ameblo.jp/raybene52
◆Facebook
『本質を知り、人として最高に進化させる【一磁進道】』で検索

一《いち》磁《じ》進《しん》
新しい魂の教科書

第一刷　2021年12月31日

著者　宮本真理子

発行人　石井健資
発行所　株式会社ヒカルランド
〒162-0821　東京都新宿区津久戸町3-11　TH1ビル6F
電話　03-6265-0852　ファックス　03-6265-0853
http://www.hikaruland.co.jp　info@hikaruland.co.jp
振替　00180-8-496587
本文・カバー・製本　中央精版印刷株式会社
DTP　株式会社キャップス
編集担当　TakeCO／伊藤愛子

ISBN978-4-86742-053-9

意識することが大切です。

松果体は、自律神経と直接かかわりのある脳の器官で、昼夜のリズムを作り脳内ホルモンの分泌を司っています。環境によりストレスの生じやすい状態であればあるほど松果体の働きは鈍くなってゆき、感情をコントロールすることが出来ず苦労します。

快適な信号を送り、明るくおおらかな性格のエネルギーをそのまま転写してゆくエネルギーワークも一緒に行います。既に、磁気波の騰がった地球上では、現象化が早くなり、頭で描いた事、心で感じたこと、即効で現象化してしまいます。常に良い気分でいる為にも、松果体の覚醒は必要な条件となります。


【第３回セミナー】

「天界の大いなる仕掛け」


第３回セミナーでは、第１回セミナー等でも触れている天界・次元のさらに深い話しや、現在の次元界、またこれからどうのように変化していくのかなど詳しくお伝えいたします。目の前に映る現象は日々変化しており、情報が更新されていますので、その都度驚きの真実、アトラス界の大いなる仕掛けを公開しています。


【第４回セミナー】

～アルクトゥルスによる進化系ヒーリング～「愛の海へと還るワーク」


第４回セミナーは、体感ワーク中心のアルクトゥルスによる進化系ヒーリングワークです。

自分としっかり繋がる為の『導管ワーク』。松果体を覚醒する為の『神聖幾何学ワーク』。浄化のあと瞑想し、内在する崇高な自分自身へと深く入り繋がる【愛の海へと還る】ワークです。愛に還り、自分の内側に完全に一致することを可能にしてゆきます。


【第５回セミナー】

～アルクトゥルスによる進化系エナジーワーク～「ギャラクシーストーム」


ギャラクシーストームとは「宇宙嵐」。アルクトゥルスヒーリングの最高峰のエナジーワーク!!

お腹の中に渦巻のような光の柱が入ってくることを感じ取り、身体の奥深くに微細な振動を起こし、振動数を上げてゆくことで陽気な気分にしていったり、苦しい出来事を感情と記憶で溜めているエネルギーのお掃除をしていきます。

そして、宇宙の良いエネルギーを力強い圧力を掛け注入し、３次元の肉体・物

【一磁進道】セミナーを開催します
講師はもちろん宮本真理子氏その人です♪

このセミナーは、『一磁進』という、始まりひとつが磁気を帯び何かとなって現れる、この時空間の中で現象化する仕組みを完璧に理解し、この地上に存在する全てのものは振動するエネルギーで、自身をエネルギー化した『半物質半霊体』と自覚して生きてゆくための、完璧な転換を第１回から７回までのセミナーを順に受けていただくことで起こさせ、憂いなき進化した知性となる作法を学び実践する講座です。

宇宙の絶対的原理原則に基づいた世界観は、内容も毎回新たな情報が与えられ更新されますので、進化の度合いに合わせ何度でもご受講いただけます。

◉各セミナーの概要説明

【第１回セミナー】

「一磁進との公開浄化と六次元召喚ワーク」


一番基礎となり、一磁進道の登竜門となるセミナーです。

『始まりひとつ、この世は全て同じもので出来ている』

貴重なこれからの人生を、自分でいいことを選び創っていける『気分』というものが人生を創造する事や、六次元の意識を使った現実創造の仕方、今の現実は過去の自分の感情が創っている事、その現象が起こるプロセス、目の前の不必要な情報に振り回されないように気分よく過ごす為の『浄化の作法』……

自分の中の宇宙がひっくり返って現実となる。宇宙の真理を正しく理解し、楽しく人生を生きてゆくコツをお教えいたします。

その中には次元の話、宇宙の高次生命体の事、そして今の地球に起きている事象など最新の情報を交えてお伝えします。

何度も聞くことにより「気づき」が増し、宇宙の真理への理解が深まります。

以前受講された方も何度でも受講していただきたい内容です。


【第２回セミナー】

～アトラス界から直接エネルギーをつなぐ～「松果体覚醒エネルギーワーク」


２回目のワークは、１回目のセミナーからおよそ３～４週間のち、その期間に浄化ワークをきちんとしていただいた方向けに、アトラス界と皆さまお一人お一人を直接繋ぐエネルギーワークです。

宇宙の叡智を受け取る受信器のような役割の松果体に刺激を与え、振動数を上げ高い周波数と同調し五感以上の感覚を開いてゆく。常にエネルギー体として質としての存在ではなく、重力から解き放たれ、エネルギー体としての性質を強化していきます。
磁力線の軸をしっかりと張り、自身の軸を強くする導管ワークを行った後に横になって行います。

【第6回セミナー】
～レムリアンシードによる目醒めの進化の行方～「日本人の霊性について」

霊性高きレムリアンの意識。古代から今なお脈々と続く遠い過去の物語ではなく、現在にも確かに受け継がれている意識体、日本人の霊性について。
特別な遺伝子日本人として生まれてきた理由。この地球に降り立った知性のルーツをハッキリと解き明かし、なぜ今目醒めなければならないのか、本当の『目醒めの真実』を説いてゆきます。今だから知るべき内容です。

【第7回セミナー】
～アルクトゥルスによる進化系エナジーワーク～「ホンキートンクバント」

毎日の浄化によって今世での因縁づいた憂いを取り除き、ギャラクシーストームで重力から解放させ、高揚する内側の周波数を上げ軽やかな状態になった後、この「ホンキートンクバント」で輪廻の度につけてきた感情崩壊寸前意識の『魂の傷』を取り出し、目で見たものを脳に取り込んで感情としてつけてしまうコードをカットするワークになります。これを数回繰り返すことで、本当の意味で神成（かんなり）となる条件の「魂の純化」が起こります。今世を生きながら完全な輪廻転生をするワークです。

ヒカルランドでの【一磁進道】セミナーご案内

【第１回セミナー】
「一磁進との公開浄化と六次元召喚ワーク」

日時：第一期　令和４年１月23日(日)　10：00〜16：00
　　　第二期　令和４年２月14日(月)　10：00〜16：00
参加費：各期 15,000円

【第２回セミナー】
〜アトラス界から直接エネルギーをつなぐ〜「松果体覚醒エネルギーワーク」

日時：
第一期　令和４年２月20日(日)　１部 10：00〜　２部 14：00〜（予定）
　　　　令和４年２月21日(月)　１部 10：00〜　２部 14：00〜（予定）
第二期　令和４年３月13日(日)　１部 10：00〜　２部 14：00〜（予定）
　　　　令和４年３月14日(月)　１部 10：00〜　２部 14：00〜（予定）
参加費：第２回セミナー　各期 35,000円

【第３回セミナー】
「天界の大いなる仕掛け」

日時：第一期　令和４年３月６日(日)　10：00〜16：00（予定）
　　　第二期　令和４年３月28日(月)　10：00〜16：00（予定）
参加費：第３回セミナー　各期 10,000円

【第４回セミナー】
〜アルクトゥルスによる進化系ヒーリング〜「愛の海へと還るワーク」
【第５回セミナー】
〜アルクトゥルスによる進化系エナジーワーク〜「ギャラクシーストーム」

日時：第一期　令和４年３月20日(日)　10：00〜16：00（予定）
　　　第二期　令和４年４月４日(月)　10：00〜16：00（予定）
参加費：第４回セミナー　各期 10,000円
　　　　第５回セミナー　各期 20,000円

【第６回セミナー】
～レムリアンシードによる目醒めの進化の行方～「日本人の霊性について」

日時：第一期　令和４年４月24日（日）　10：00～16：00（予定）
　　　第二期　令和４年５月10日（月）　10：00～16：00（予定）
参加費：第６回セミナー　各期 10,000円

【第７回セミナー】
～アルクトゥルスによる進化系エナジーワーク～「ホンキートンクバント」

日時：第一期　令和４年５月22日（日）　10：00～13：00（予定）
　　　第二期　令和４年６月１日（水）　10：00～13：00（予定）
参加費：第７回セミナー　各期 20,000円

※【個人セッション】

各セミナーの前後の日程で受け付けます。（詳しくはホームページをご確認ください）
セッション代：30,000円
10時～、12時～、14時～、16時～の４枠です。
お一人お一人に与えられる進化のための手引きです。占いや霊視鑑定ではありません。

場所：ヒカルランドパーク
基本はこちらとなりますが都合により飯田橋・神楽坂近辺の別会場となる場合もございます

※その他ホームページ・ブログ・Facebook の URL

- ◆ ホームページ　https://www.athomeinclusive.com/
- ◆ ブログ　https://ameblo.jp/raybene52
- ◆ Facebook　『本質を知り、人として最高に進化させる【一磁進道】』で検索

★《AWG》癒しと回復「血液ハピハピ」の周波数

**生命の基板にして英知の起源でもあるソマチッドがよろこびはじける周波数を
カラダに入れることで、あなたの免疫力回復のプロセスが超加速します！**

世界12カ国で特許、厚生労働省認可！　日米の医師＆科学者が25年の歳月をかけて、ありとあらゆる疾患に効果がある周波数を特定、治療用に開発された段階的波動発生装置です！　神楽坂ヒカルランドみらくるでは、まずはあなたのカラダの全体環境を整えること！　ここに特化・集中した《多機能対応メニュー》を用意しました。

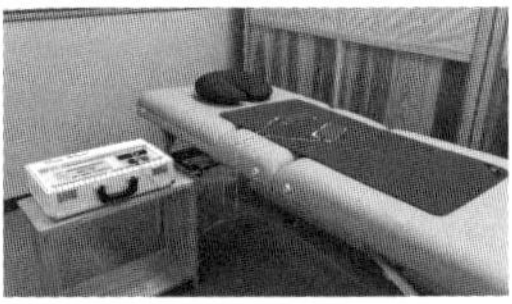

A．血液ハピハピ＆毒素バイバイコース
（AWG コード003・204）　60分／8,000円
B．免疫 POWER UP　バリバリコース
（AWG コード012・305）　60分／8,000円
C．血液ハピハピ&毒素バイバイ&免疫 POWER UP
バリバリコース　120分／16,000円
D．水素吸入器「ハイドロブレス」併用コース
60分／12,000円
E．脳力解放「ブレインオン」併用コース　60分／12,000円
F．AWG プレミアムコース　9回／55,000円　60分／8,000円×9回
※その都度のお支払いもできます。

※180分／24,000円のコースもあります。
※妊娠中・ペースメーカーご使用の方にはご案内できません。

AWGプレミアムメニュー

1つのコースを一日1コースずつ、9回通っていただき、順番に受けることで身体全体を整えるコースです。2週間～1か月に一度、通っていただくことをおすすめします。

①血液ハピハピ＆毒素バイバイコース　②免疫 POWER UP バリバリコース
③お腹元気コース　④身体中サラサラコース
⑤毒素やっつけコース　⑥老廃物サヨナラコース

★音響チェア《羊水の響き》

**脊髄に羊水の音を響かせて、アンチエイジング！
基礎体温1℃アップで体調不良を吹き飛ばす！
細胞を活性化し、血管の若返りをはかりましょう！**

特許1000以上、天才・西堀貞夫氏がその発明人生の中で最も心血を注ぎ込んでいるのがこの音響チェア。その夢は世界中のシアターにこの椅子を設置して、エンターテインメントの中であらゆる病い／不調を一掃すること。椅子に内蔵されたストロー状のファイバーが、羊水の中で胎児が音を聞くのと同じ状態をつくりだすのです！　西堀貞夫氏の特製 CD による羊水体験をどうぞお楽しみください。

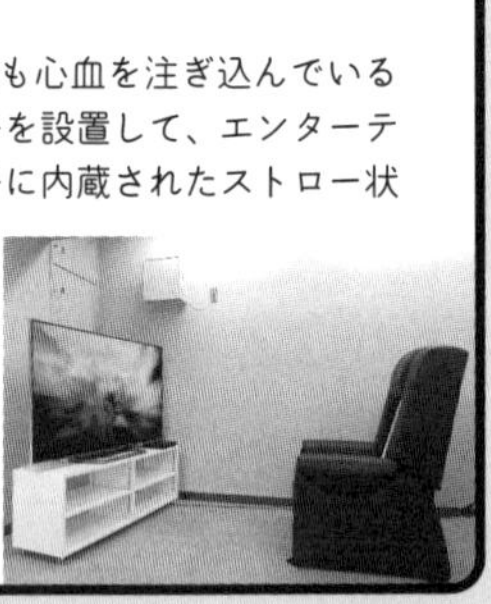

A．自然音Aコース「胎児の心音」　60分／10,000円
B．自然音Bコース「大海原」　60分／10,000円
C．「胎児の心音」「大海原」　120分／20,000円

神楽坂ヒカルランド
みらくる
Shopping & Healing

神楽坂《みらくる波動》宣言！

神楽坂ヒカルランド「みらくる Shopping & Healing」では、触覚、聴覚、視覚、嗅（きゅう）覚、味覚の五感を研ぎすませることで、健康なシックスセンスの波動へとあなたを導く、これまでにないホリスティックなセルフヒーリングのサロンを目指しています。ヒーリングは総合芸術です。あなたも一緒にヒーリングアーティストになっていきましょう。

★ミトコンドリア活性《プラズマパルサー》

ミトコンドリアがつくる、生きるための生命エネルギーATP を３倍に強化！
あなただけのプラズマウォーターを作成し、
疲れにくく、元気が持続するカラダへ導きます！

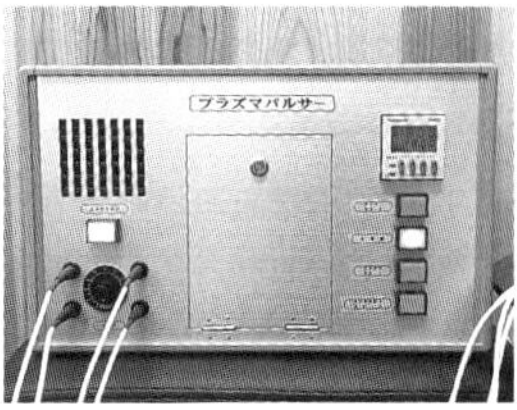

液晶や排気ガス装置などを早くからつくり上げ、特許を110も出願した天才・田丸滋氏が開発したプラズマパルサー。私たちが生きるために必要な生命エネルギーは、体内のミトコンドリアによって生産される ATP。この ATP を３倍に増やすのと同じ現象を起こします！　ATP が生産されると同時につくられてしまう老化の元となる活性酸素も、ミトコンドリアに直接マイナス電子を供給することで抑制。短い時間でも深くリラックスし、細胞内の生命エネルギーが増え、持続力も増すため、特に疲れを感じた時、疲れにくい元気な状態を持続させたい時におすすめです。

プラズマセラピー（プラズマウォーター付き）30分／12,500円（税込）

こんな方におすすめ

元気が出ない感じがしている／疲れやすい／体調を崩しやすい／年齢とともに衰えを感じている

※妊娠中・ペースメーカーご使用の方、身体に金属が入っている方、10歳未満、81歳以上の方、重篤な疾患のある方にはセラピーをご案内することができません。
※当店のセラピーメニューは治療目的ではありません。特定の症状、病状に効果があるかどうかなどのご質問にはお答えできかねますので、あらかじめご了承ください。

★植物の高波動エネルギー《ブルーライト》

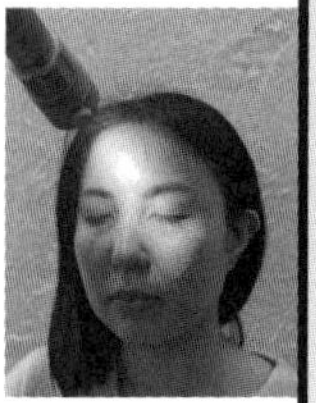

高波動の植物の抽出液を通したライトを頭頂部などに照射。抽出液は13種類、身体に良いもの、感情面に良いもの、若返り、美顔……など用途に合わせてお選びいただけます。より健康になりたい方、心身の周波数や振動数を上げたい方にピッタリ！

A．健康コース　7か所　10～15分／3,000円
B．メンタルコース　7か所　10～15分／3,000円
C．健康＋メンタルコース　15～20分／5,000円
D．ナノライト（ブルーライト）使い放題コース　30分／10,000円

★ソマチッド《見てみたい》コース

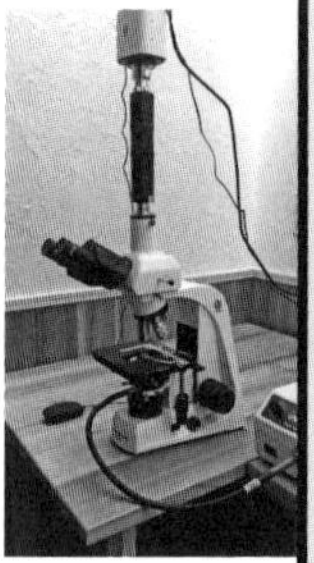

あなたの中で天の川のごとく光り輝く「ソマチッド」を暗視野顕微鏡を使って最高クオリティの画像で見ることができます。自分という生命体の神秘をぜひ一度見てみましょう！

A．ワンみらくる　1回／1,500円（5,000円以上の波動機器セラピーをご利用の方のみ）
B．ツーみらくる（ソマチッドの様子を、施術前後で比較できます）2回／3,000円（5,000円以上の波動機器セラピーをご利用の方のみ）
C．とにかくソマチッド　1回／3,000円（ソマチッド観察のみ、波動機器セラピーなし）

★脳活性《ブレインオン》

聞き流すだけで脳の活動が活性化し、あらゆる脳トラブルの予防・回避が期待できます。集中力アップやストレス解消、リラックス効果も抜群。緊張した脳がほぐれる感覚があるので、AWGとの併用もおすすめです！

30分／2,000円

★激痛！ デバイス《ドルフィン》

長年の気になる痛み、手放せない身体の不調…たったひとつの古傷が気のエネルギーの流れを阻害しているせいかもしれません。他とは全く違うアプローチで身体に氣を流すことにより、体調は一気に復活しますが、痛いです！！！

A．エネルギー修復コース 60分／15,000円
B．体験コース 30分／5,000円

★量子スキャン＆量子セラピー《メタトロン》

あなたのカラダの中をDNAレベルまで調査スキャニングできる
量子エントロピー理論で作られた最先端の治療器！

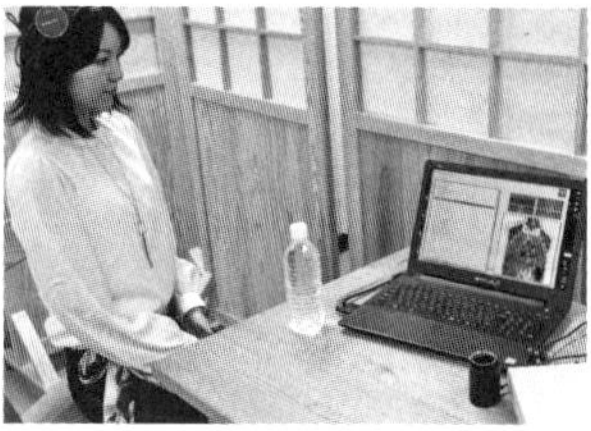

筋肉、骨格、内臓、血液、細胞、染色体など——あなたの優良部位、不調部位がパソコン画面にカラーで６段階表示され、ひと目でわかります。セラピー波動を不調部位にかけることで、その場での修復が可能！　宇宙飛行士のためにロシアで開発されたこのメタトロンは、すでに日本でも進歩的な医師80人以上が診断と治癒のために導入しています。
A．B．ともに「セラピー」「あなたに合う／合わない食べ物・鉱石アドバイス」「あなただけの波動転写水」付き。

A．「量子スキャンコース」　60分／10,000円
あなたのカラダをスキャンして今の健康状態をバッチリ６段階表示。気になる数か所へのミニ量子セラピー付き。
B．「量子セラピーコース」　120分／20,000円
あなたのカラダをスキャン後、全自動で全身の量子セラピーを行います。60分コースと違い、のんびりとリクライニングチェアで寝たまま行います。眠ってしまってもセラピーは行われます。
《オプション》＋20分／＋10,000円（キントン水8,900円含む）
「あなただけの波動転写水」をキントン水（30本／箱）でつくります。

★脳活性《ブレイン・パワー・トレーナー》

脳力UP＆脳活性、視力向上にと定番のブレイン・パワー・トレーナーに、新メニュー、スピリチュアル能力開発コース「0.5Hz」が登場！　0.5Hzは、熟睡もしくは昏睡状態のときにしか出ないδ（デルタ）波の領域です。「高次元へアクセスできる」「松果体が進化、活性に適している」などと言われています。

Aのみ　15分／3,000円　　B～F　30分／3,000円
AWG、羊水、メタトロンのいずれか（5,000円以上）と同じ日に受ける場合は、2,000円

A．「0.5Hz」スピリチュアル能力開発コース
B．「6Hz」ひらめき、自然治癒力アップコース
C．「8Hz」地球と同化し、幸福感にひたるコース
D．「10Hz」ストレス解消コース
E．「13Hz」集中力アップコース
F．「151Hz」目の疲れスッキリコース

携帯アプリを使う

携帯電話のアプリでラジオを聴く方法

①iOS（iPhone など）は左の QR コード、アンドロイド携帯は右の QR コードから Voicy 専用アプリにアクセスします

App Store からダウンロード iOS

Google Play で手に入れよう Android

②「Voicy」アプリをダウンロード（インストール）します

③「イッテルラジオ」で検索すると番組が出てきます
フォローすると更新情報が表示されて視聴しやすくなります

フォローしてくれると
石井社長が
泣いてよろこぶよ

検索バーで
「イッテルラジオ」
を探してみてね

リスナーさんからのコメントや質問も大歓迎！ 毎朝8:00に「イッテルラジオ」でお会いしましょう♪

voicy

ヒカルランドの はじめてのラジオ番組 がスタートしました！

声のオウンドメディア
voicy（ボイシー）
にて、ヒカルランドの

『イッテルラジオ』

毎朝8:00〜絶賛放送中です！

パソコンなどのインターネットか
専用アプリでご視聴いただけます♪

パソコンを使う

インターネットでラジオを聴く方法

①こちらのQRコードか下記のURLからVoicyの『イッテルラジオ』にアクセスします
https://voicy.jp/channel/1184/

②パソコン版Voicyの『イッテルラジオ』につながります。オレンジの再生ボタンをクリックすると本日の放送をご視聴いただけます

ヒカルランド　好評既刊！

地上の星☆ヒカルランド　銀河より届く愛と叡智の宅配便

【神話版】宇宙神vs地球神
～人類削減計画と種の保存計画について～
物語：シリウス慶氣
絵：ヒサシユキエ
四六ハード　本体 1,800円+税

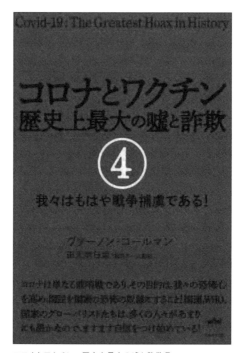

ヒカルランド　好評既刊！

地上の星☆ヒカルランド　銀河より届く愛と叡智の宅配便

増補改訂版［日月神示］夜明けの御用 岡本天明伝
著者：黒川柚月
四六ソフト　本体 3,000円+税

地上の星☆ヒカルランド　銀河より届く愛と叡智の宅配便

アシュタールと私　あるスターシードの覚醒
遠い記憶をよみがえらせて今、目醒めの時がきた！
著者：Yoshino
四六ハード　本体 1,400円+税

ヒカルランド　好評既刊！

併読をオススメしたい類書群

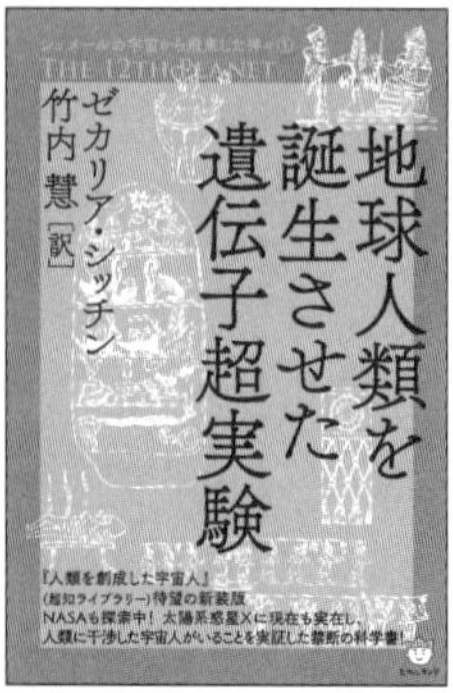

地球人類を誕生させた遺伝子超実験
～NASAも探索中！ 太陽系惑星Xに今も実在し人類に干渉した宇宙人～
四六ソフト　本体 2,500円+税

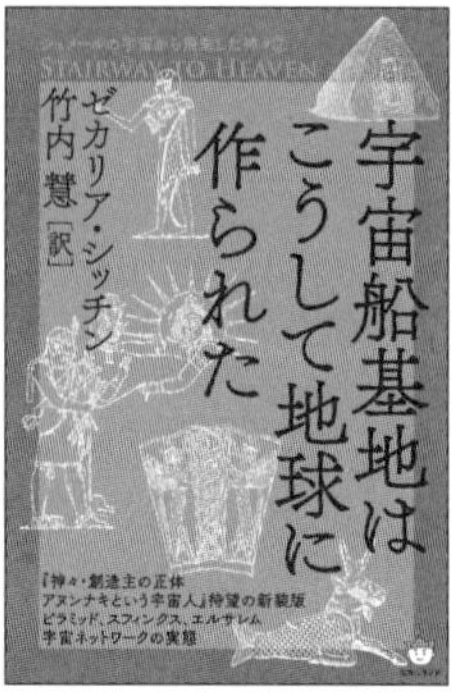

宇宙船基地はこうして地球に作られた
～ピラミッド、スフィンクス、エルサレム　宇宙ネットワークの実態～
四六ソフト　本体 2,500円+税

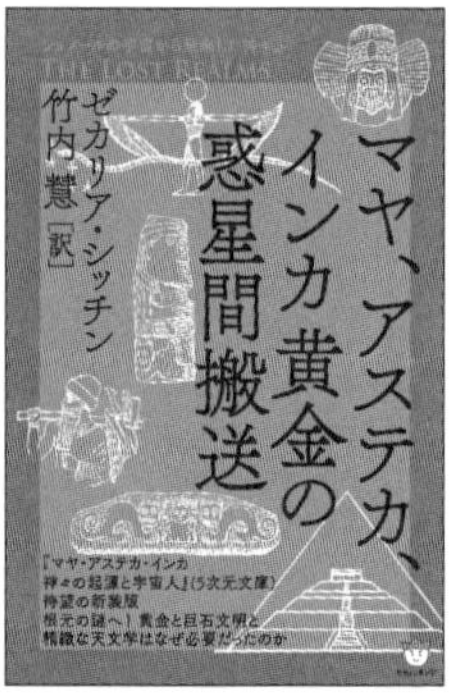

マヤ、アステカ、インカ黄金の惑星間搬送
～根源の謎解きへ！ 黄金と巨石と精緻なる天文学がなぜ必要だったのか～
四六ソフト　本体 2,500円+税

彼らはなぜ時間の始まりを設定したのか
～超高度な人工的産物オーパーツの謎を一挙に解明する迫真の論考～
四六ソフト　本体 2,500円+税

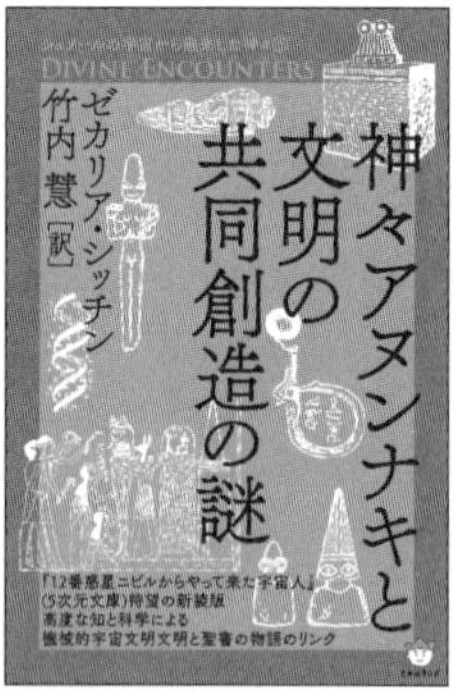

神々アヌンナキと文明の共同創造の謎
～高度な知と科学による機械的宇宙文明と聖書の物語のリンク～
四六ソフト　本体 2,500円+税

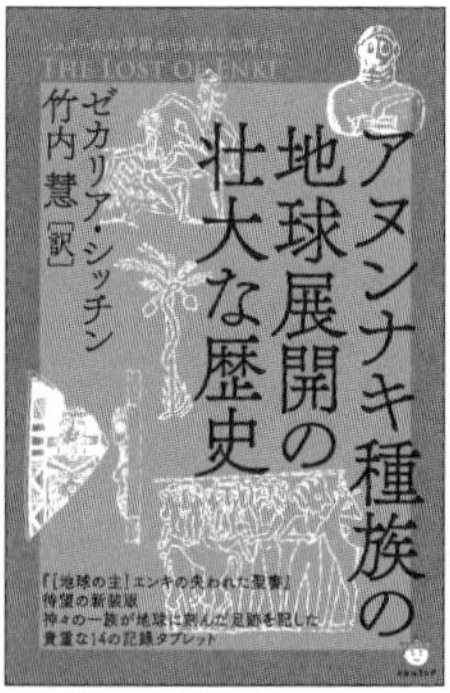

アヌンナキ種族の地球展開の壮大な歴史
～神々の一族が地球に刻んだ足跡、超貴重な14の記録タブレット～
四六ソフト　本体 2,500円+税

永久保存版　ゼカリア・シッチン［著］竹内 慧［訳］